Marie-Anne COLLOT
Une sculptrice française à la cour de Catherine II
1748 - 1821

Rue des Ecoles

Cette collection accueille des essais, d'un intérêt éditorial certain mais ne pouvant supporter de gros tirages et une diffusion large, celle-ci se faisant principalement par le biais des réseaux de l'auteur.

La collection *Rue des Ecoles* a pour principe l'édition de tous travaux personnels, venus de tous horizons : historique, philosophique, politique, etc.

Déjà parus

SOLVEIG, *Linad et les loups*, 2005.
Philippe MOLLE, *Mémoires d'outre mers*, 2005.
Hugues LETHIERRY (dir.), *La mort n'est pas au programme*, 2005.
Micheline CANONNE BEDRINE, *Mimi dans la tourmente*, 2005.
SOLVEIG, *Mots pour maux*, 2005.
Lucie CHARTREUX, *Derrière le soleil*, 2005.
Janine FOURRIER DROUILHET, *Brocante*, 2005
Delia MONDART, *Les miettes de la diplomatie*, 2005.
Michel LECLERC, *L'astre et la mer*, 2005.
Béatrice SAGOT, *Mission en Guinée. Humanitaire, vertige et poussières*, 2005.
Joseph YAKETE, *Socialisme sans discriminations*, 2005.
Raymond William RABEMANANJARA, *Madagascar, terre de rencontre et d'amitié*, 2004.
Francine CHRISTOPHE, *Guy s'e va. Deux chroniques parallèles*, 2004.
Raymond CHAIGNE, *Burkina Faso. L'Imaginaire du Possible*, 2004.
Jean-Pierre BIOT, *Une vie plus loin...*, 2004.
J. TAURAND, *Le château de nulle part*, 2004.
Jean MPISI, *Jean-Paul II en Afrique (1980-2000)*, 2004.
Emmanuel ROSEAU, *Voyage en Ethiopie*, 2004.

Christiane DELLAC

Marie-Anne COLLOT
Une sculptrice française à la cour de Catherine II
1748 - 1821

L'Harmattan	**L'Harmattan Könyvesbolt**	**L'Harmattan Italia**
5-7, rue de l'École-Polytechnique	1053 Budapest	Via Degli Artisti, 15
75005 Paris	Kossuth L.u. 14-16	10124 Torino
FRANCE	HONGRIE	ITALIE

© L'Harmattan, 2005
ISBN : 2-7475-8833-5
EAN: 9782747588331

Grand homme, femme aimable, elle excelle à la fois
Dans l'art de Phidias et dans celui de plaire
Athènes eût couronné ses talents, autrefois
Elle aurait obtenu des autels à Cythère
(Anonyme – Saint-Pétersbourg)

SOMMAIRE

Avant-propos	9
Falconet sculpteur du roi	13
M.-A. Collot, les origines	19
Catherine II mécène	23
Départ de Falconet et de son élève pour la Russie	29
M.-A. Collot et le buste	33
M.-A. Collot, médaillons et bas-reliefs	49
Tête de Pierre le Grand, la polémique	55
Conseils de Diderot à ses amis	63
Arrivée de Pierre Falconet à St-Pétersbourg..............	69
Visite de Diderot à Catherine II	75
Falconet et son fils	77
Mariage de Pierre Falconet et de M.-A. Collot...........	83
Départ de Falconet et de son fils................................	87
Retour en France de Mme Falconet	89
Voyage à La Haye	99
Installation à Paris, maladie et mort de Falconet	103
Départ pour Marimont	111
Conclusion	115
Bibliographie	119

Avant-propos

Ancienne capitale de la Russie, St-Pétersbourg possède un monument remarquable considéré comme un des chefs-d'œuvre de la statuaire du XVIIIème siècle.

Cette magnifique statue équestre qui représente le Tzar Pierre 1er a été immortalisée par Pouchkine qui a su rendre admirablement l'impression de grandeur et de puissance qui se dégage de ce cheval colossal et de son cavalier.

Celui que l'on appellera désormais "le cavalier de bronze" est l'œuvre du sculpteur français Etienne Falconet à l'exception de la tête du héros exécutée par une jeune fille de 20 ans, son élève, Marie-Anne Collot.

La vie de cette artiste est singulière à plus d'un titre, puisqu'elle est la seule à pratiquer un art jusque-là réservé aux hommes.

Falconet sera le premier à détecter le talent étonnamment précoce de sa jeune élève et l'emmènera avec lui en Russie.

Partie en Russie en 1766, pour un séjour initialement prévu de 4 ans, M.-A. Collot y restera douze longues années particulièrement fécondes.

Sa production pour cette période sera suffisamment importante pour lui assurer une place honorable parmi les grands sculpteurs de l'époque, puisqu'elle sera nommée portraitiste de l'impératrice Catherine II.

Son retour en France, en 1778, verra le déclin de sa carrière lié à une situation familiale difficile après son désastreux mariage avec le fils de son maître.

Ses œuvres se feront plus rares. Un court séjour en Hollande lui offrira encore quelques perspectives de travail, mais son installation à Paris sera assombrie par une tragédie familiale, la paralysie de Falconet, victime d'une attaque à la veille d'un voyage en Italie.

A partir de ce moment, la jeune femme abandonne ses activités artistiques pour se consacrer à son beau-père qu'elle soignera avec dévouement jusqu'à sa mort en 1791. Elle sera profondément affectée par ce décès qui précède de quelques mois seulement celui de son mari.

Désormais seule avec sa fille, au plus fort de la tourmente révolutionnaire, elle choisit de se réfugier avec elle en Lorraine, mettant fin prématurément à une carrière pourtant prometteuse.

Le sort s'est acharné sur cette femme hors du commun, multipliant les épreuves.

D'origine modeste, son placement à 14 ans dans l'atelier de Falconet où elle commence son apprentissage sera pour elle le prélude à un heureux changement d'existence et va tisser entre eux malgré leur grande différence d'âge des liens indéfectibles.

Son attachement à celui qui deviendra plus tard son beau-père sera à l'origine de rumeurs qui feront planer une ombre sur sa réputation.

Une trop longue absence de France, de pénibles problèmes familiaux et une conjoncture politique peu favorable seront autant d'entraves à sa carrière.

Injustement oubliée, cantonnée dans l'ombre du grand Falconet auquel elle reste indissolublement liée, M.-A. Collot a su faire preuve d'un talent très personnel et leurs œuvres ne peuvent être confondues.

Cette jeune femme déterminée, audacieuse, incroyablement moderne pour son époque, à qui paradoxalement on pourrait peut-être reprocher une modestie excessive, s'est rarement exprimée à titre personnel, hormis par l'intermédiaire de son maître et mentor.

En l'absence d'autres documents, sa vie et son œuvre ne peuvent être explorées qu'à travers les écrits d'amis artistes et d'écrivains et les correspondances entre Diderot et Falconet et entre Catherine II et Falconet.

Il est regrettable que son unique descendante, Mme la Baronne de Jankowitz, ait cru devoir expurger ou détruire dans les archives familiales tout ce qui aurait pu porter atteinte à la mémoire de sa mère et de son grand-père Etienne Falconet.

Falconet sculpteur du roi

Au XVIIIème siècle, l'apprentissage du métier de peintre et de sculpteur ne peut se faire qu'au sein de la vénérable académie St-Luc qui accueille les femmes sans discrimination. Rares sont celles qui, comme M.-A. Collot, ont la chance d'être acceptées dans l'atelier d'un maître sans être de la famille.

Créée en 1655, l'Académie royale de peinture et de sculpture ouvrira ses portes aux femmes en 1663. La première académicienne, Catherine Duchemin, peintre de natures mortes, est élue le 4 août 1663. Mmes Vigée-Lebrun et Labille Guiard, reçues le 30 Mai 1783, seront les dernières femmes admises au sein de cette illustre assemblée.

Entre ces deux élections, c'est-à-dire en un peu plus d'un siècle, quinze femmes y seront ainsi accueillies, et parmi elles une seule femme sculpteur sur bois Mme Dorothée Massé, reçue en 1680.

On peut s'interroger sur les raisons de cet ostracisme, à moins que la pratique de cet art nécessitant une force physique particulière n'ait été exclusivement réservée aux hommes.

Falconet lui-même semble accréditer cette hypothèse lorsqu'il écrit à Catherine II parlant de sa jeune élève"*...sans vouloir ici vanter son talent, Votre Majesté sait qu'il est singulier et qu'elle est la seule de son sexe qui* *se soit consacrée au pénible métier de travailler le marbre et de le travailler avec succès*".[1]

*

Falconet a 47 ans lorsque M.-A. Collot entre dans son atelier en 1763.

Sculpteur du roi, officier de l'Académie royale, il occupe les fonctions de directeur des ateliers de sculpture à la manufacture de Sèvres.

Il a fait son apprentissage chez le sculpteur Jean-Baptiste Lemoyne et montre dès son plus jeune âge un grand appétit de connaissances ; il étudie seul le latin et l'italien, fait exceptionnel pour une époque où le niveau de culture des artistes est en général plutôt médiocre.

Cette soif d'apprendre et cette curiosité intellectuelle lui permettront plus tard de traduire et de commenter fort honorablement les textes de Pline l'Ancien.

Un inventaire de sa bibliothèque avant son départ pour la Russie montre le sérieux et l'éclectisme de ses lectures qui vont des arts à la philosophie en passant par l'histoire et les religions.

Il est encore apprenti lorsqu'il se marie à 23 ans avec la fille d'un ébéniste qui lui donnera quatre enfants. Ecrasé par ses responsabilités familiales, Falconet connaît alors de grandes difficultés matérielles et souffre de ne pouvoir se consacrer exclusivement à son art.

Aussi, lorsque neuf ans plus tard au décès de sa femme il se retrouve seul avec son fils de sept ans, unique survivant de sa nombreuse famille, échaudé par cette expérience malheureuse, il se jure bien de ne pas retomber dans le "*trébuchet matrimonial*".

---

[1] Correspondance de Falconet avec Catherine II. Librairie Champion. Paris, 1921. Lettre de Falconet à Catherine II. Mai 1771, p. 146.

En 1763, il habite rue d'Anjou dans une maison qu'il a fait construire près de son atelier ; le quartier est calme et tranquille ; le jardin avec ses tonnelles ombragées et ses arbres fruitiers conserve un air de campagne. Lemoyne, Grimm, Naigeon, Damilaville s'y retrouvent à la belle saison.

Diderot, l'ami cher, amène parfois un jeune célibataire, le prince Galitzine, qu'il décrit à son amie Sophie Volland."...*le prince est la simplicité même, personne n'a jamais eu moins que lui, la morgue de son état et de sa naissance. Il croit d'instinct à l'égalité des conditions, ce qui vaut mieux que d'y croire de réflexion. Il n'a jamais connu que son premier titre celui d'homme...*".[1]

Une grande liberté règne au sein de la communauté ; c'est au contact de ces hommes cultivés, ouverts aux idées nouvelles, que la jeune apprentie va commencer son éducation. Les soirées entre amis sont toujours fort animées, ponctuées de discussions interminables ; l'atmosphère y est très détendue et le vin du sculpteur y coule généreusement.

Après le départ de Falconet pour la Russie, la maison sera prêtée au prince Galitzine à qui Diderot rendra souvent visite et ensemble ils évoqueront le bon vieux temps. "...*le vin du sculpteur va grand train*... écrit Diderot à son ami, ...*Je ne sais si vous vous portez mieux de tant de santé bues, pour moi, il ne tiendrait pas au prince que je ne chancelasse quelques fois. J'ai souvent l'honneur de souper avec lui et deux heures du matin, nous ont surpris quelques fois, un verre à la main et les noms du sculpteur et de son élève à la bouche. Vous dormez tandis que nous causons tendrement de vous...*".[2]

---

[1] Diderot correspondance collection BOUQUINS Robert Laffont. Lettre de Diderot à Sophie Volland. 24 septembre 1767, p. 773.
[2] Lettre de Diderot à Falconet. 29 décembre 1766 p 716.

Falconet restera toujours attaché à cette maison qui lui rappellera tant de bons souvenirs. Il la donnera plus tard en cadeau de mariage à son fils et à M.-A. Collot devenue sa belle-fille.

Diderot a brossé un portrait incisif de son ami tel qu'il le voyait à ce moment.

"...un homme qui a du génie et qui a toutes sortes de qualités compatibles et incompatibles avec du génie...C'est qu'il a de la finesse, du goût, de l'esprit, de la délicatesse et de la grâce tout plein, c'est qu'il est rustre et poli, affable et brusque, tendre et dur .

C'est qu'il pétrit la terre et le marbre et qu'il lit et médite. C'est qu'il est doux et caustique sérieux et plaisant. C'est qu'il est philosophe qu'il ne croit en rien et qu'il sait pourquoi.

Ajoutez à cela qu'il n'y a pas d'homme plus jaloux du suffrage de ses contemporains et plus indifférent sur celui de la postérité...".[1]

Avec ses multiples contradictions, Falconet n'est pas un homme de compromis. Intransigeant, exigeant pour les autres comme pour lui-même, il déteste tout particulièrement la médiocrité et la faiblesse de caractère. Il juge sans indulgence son fils qui ne lui paraît pas posséder les qualités requises et la rigueur nécessaire pour entreprendre une carrière de peintre et finira par se brouiller avec lui.

Aussi quelle tentation pour ce perfectionniste déçu par son unique fils de modeler sa jeune élève en qui il pressent déjà des dons exceptionnels ; il sera tout à la fois son tuteur et son Pygmalion, et M.-A. Collot, éblouie par cet homme rare et attachant, lui vouera d'emblée la plus grande admiration.

---

[1] Salon de 1765.

On peut penser que très vite des liens affectifs profonds se sont tissés entre ces deux êtres d'exception, tout à la fois si proches et si secrets que personne ne pourra jamais percer la nature de l'attachement qui les unira durant de longues années jusqu'à la mort du sculpteur.

M.-A. Collot, que ses amis appellent affectueusement on ne sait trop pourquoi Mlle Victoire, trouve dans cette maison un climat propice à son épanouissement.

Le sculpteur et ses amis séduits par la grâce et l'intelligence de la jeune fille ne lui ménagent pas leurs encouragements.

Ses progrès sont étonnants ; ses qualités d'observation et son sens aigu de la ressemblance la prédisposent tout naturellement au portrait.

Elle exécute pour commencer des bustes de ses amis et, grâce à Falconet qui l'introduit à la manufacture de Sèvres, elle peut faire éditer ses premiers modèles.

A 17 ans nous savons qu'elle a déjà produit une série de bustes qui lui valent l'estime et l'admiration de ses contemporains.

"*...nos deux bustes...* écrit Diderot *...sont revenus de la manufacture, celui de Damilaville cuit à merveille, celui de Grimm. avec un coup de feu sur le front et le nez. Mademoiselle, j'ai le front et le nez rouge mais cela n'empêche pas que ce ne soit très beau très ressemblant, très fin plus que je ne le suis et tout aussi vivant...*".[1]

La plupart des bustes réalisés par M.-A. Collot avant son départ pour la Russie n'ont pas été retrouvés. Celui de l'acteur Préville semble définitivement perdu. Le buste du prince Galitzine donné au Louvre en 1906 par le couturier Doucet est en réalité celui d'Etienne Damilaville[2] ; le

---

[1] Lettre de Diderot à Falconet. 12 novembre 1766 p 707.
[2] A.G. RAYMOND. Le buste d'Etienne Damilaville par M.-A.. Collot. *Revue du Louvre* 1973 p. 255 à 260. Ami et correspondant de Diderot, E.

portrait de Grimm est conservé dans la collection David Weill.

Une tête d'homme non identifiée, exécutée en 1766 , appartenant à la collection Léon Reichnach, gendre de Moïse de Camondo, pourrait être celle du prince Galitzine.

Enfin nous savons, grâce à la correspondance de Diderot, que ses amis Grimm et Damilaville possédaient chacun un buste de lui, et que M.-A. Collot en avait emporté un troisième dans ses bagages ainsi qu'un portrait du prince Galitzine.

Le seul dont on ait pu retrouver la trace appartenait à Grimm. Saisi pendant la Révolution puis transporté au dépôt des Petits Augustins, il figurait dans les divers catalogues du musée des monuments français sous le nom estropié de Collet ou Callot.

Lors de la dispersion des collections en 1818, on le retrouve à la préfecture de la Seine, d'où il a disparu.

Il semble difficile dans ces conditions d'établir avec certitude la liste complète des œuvres exécutées par M.-A. Collot avant son départ pour la Russie.

Damilaville était aussi le chargé d'affaires de Voltaire, ses fonctions au bureau des Vingtièmes lui permettaient d'acheminer et de recevoir le courrier en franchise avec le maximum de sûreté et de célérité, privilège dont il faisait bénéficier ses amis.

M.- A. Collot, les origines

On connaît fort peu de choses sur les origines et la famille de M.-A. Collot.

Née à Paris en 1748, la jeune fille a tout juste 15 ans quand son père la confie au sculpteur Falconet.

Il n'est pas rare à cette époque de placer un enfant, un adolescent, fille ou garçon, en apprentissage dans l'atelier d'un maître. C'est parfois un moyen détourné de se débarrasser d'une progéniture encombrante, ce qui semble avoir été le cas pour la jeune fille.

Hormis quelques réflexions glanées dans la correspondance de Diderot, l'énigme posée par la famille Collot reste entière"...*votre père écrit le philosophe est un étrange homme, comme il ne parlait pas de vous en termes convenables, Mme Diderot s'est grippée avec lui et peu s'en est fallu qu'il ne soit arrivé chez moi une scène très violente...*".[1]

En dehors de son père qui fait preuve d'un curieux sens de la famille et nous apparaît comme un homme peu recommandable, nous savons que M.-A. Collot avait encore sa grand-mère et un jeune frère.

Didier Collot, son père, mourra en 1769 dans des circonstances mystérieuses qui ne seront jamais élucidées.

Les noms de ses parents figurent conjointement dans le contrat de mariage de la jeune femme établi à St-Pétersbourg en 1777. La mention décédé accolée au seul nom de son père, pourrait signifier que sa mère, Marie

---

[1] Lettre de Diderot à Falconet. 12 novembre 1766 p 704.

Poisson, était encore en vie à cette date. C'est le seul document officiel à notre connaissance où figurent les noms de ses géniteurs.[1]

De sa mère, il ne sera jamais question, comme s'il y avait eu de la part de M.-A. Collot une volonté délibérée de gommer toute trace de ses origines familiales, à moins qu'elle n'ait voulu chasser de sa mémoire des souvenirs trop douloureux.

Sur tous les documents officiels la concernant, son adresse sera toujours rue d'Anjou à Paris et rue de la Petite Millionne à St-Pétersbourg à leur domicile commun.

En dépit de ces multiples problèmes, M.-A. Collot ne se désintéressera jamais de sa famille et ne lui ménagera pas son aide.

Arrivée en Russie, elle chargera Diderot devenu son correspondant de retrouver son père dont elle était sans nouvelles. Diderot lui répond en avril 1769 "...*dans l'incertitude que cet homme* (son père) *soit mort, il est prudent d'agir comme s'il vivait. Le sieur Poirson qui m'a tout l'air d'un honnête homme, m'a demandé 6 francs pour ses perquisitions, 2 louis pour avances faites à la grand mère de Mlle Collot et 72 livres pour l'entretien de son frère en attendant qu'on le mette au métier si elle y consent...*"[2]

Un peu plus tard, sans s'embarrasser de formules hypocrites, le philosophe annonce à son ami Falconet... *deux nouvelles qui ne vous déplairont pas, l'une c'est que nous avons découvert que Mlle Collot était orpheline...*".[3]

---

[1] Archives Nationales CXI 1273, contrat de mariage de M.-A.. Collot, minutes de M. Péan de St Gilles, conservé à l'étude Cremery publié dans le bulletin de la Société de l'Histoire de l'Art Français 1918-19 p. 157 à 161.
[2] Lettre de Diderot à Falconet 6 sept. 1768 p 866.
[3] Lettre de Diderot à Falconet 26 mai 1769 p 945.

Il rassure la jeune femme sur le sort de son jeune frère qu'il a placé en apprentissage chez un imprimeur de ses amis et qui commence à se faire un petit pécule hebdomadaire "...*aussi ma bonne amie soyez tranquille sur son sort et continuez à faire de belles choses...*".[1]

On ne peut qu'admirer la maturité de cette toute jeune fille, qui se sent investie de responsabilité envers sa famille et utilise ses premiers gains pour lui venir en aide. Un tel geste dénote des qualités de cœur tout à fait exceptionnelles.

---

[1] Lettre de Diderot à Falconet 6 août 1769 p 959.

Catherine II mécène

Au siècle des Lumières, ses écrivains, ses philosophes et ses artistes donnent à la France une dimension européenne et préparent la voie à un cosmopolitisme déjà ouvert aux idées révolutionnaires.

"*Ce qui fait le mérite de la France...* écrivait Voltaire à Mme du Deffand *...ce qui fait son unique supériorité, c'est un petit nombre de génies sublimes où aimables qui font que l'on parle français à Vienne à Moscou et Stockholm.*"

Les protestants réfugiés en Allemagne et les artistes français très prisés chez les margraves et les électeurs contribuent fortement à l'introduction du goût français. Entre la France et l'Allemagne circule un puissant courant d'échanges d'hommes et d'idées.

Elevée par une gouvernante française, Mlle Gardel, Sophie d'Anhalt, future impératrice de Russie, reçoit une éducation fortement imprégnée de culture française ; elle gardera toute sa vie une prédilection pour tout ce qui touche notre pays.

Cette femme cultivée va trouver à la cour de Russie un climat presque identique à celui qu'elle vient de quitter, mais sa culture est moins superficielle et bien supérieure à celle de son nouvel entourage. Sa soif de connaissances n'a d'égal que son goût pour la lecture, qui la porte plutôt vers les livres d'histoire. Sa boulimie de lecture est si grande qu'elle a, dit-on, même à la chasse toujours un livre dans sa poche.

Elle est l'amie de d'Alembert, Voltaire, Diderot et Grimm, avec lesquels elle entretiendra une abondante correspondance et qui seront souvent ses intermédiaires pour toutes sortes de transactions, recrutant même pour elle à l'occasion des artistes, des savants ou des ingénieurs.

Mécène, elle protège et pensionne nos écrivains ; elle achète pour 15000 livres la bibliothèque de Diderot, lui conférant le titre de bibliothécaire assorti d'un traitement annuel de 1000 livres et lui en laisse généreusement la jouissance. C'est elle encore qui rachètera la bibliothèque de Voltaire après sa mort.

Toute sa vie, elle collectionnera ainsi des livres et d'innombrables œuvres d'art qui viendront enrichir sa résidence de l'Ermitage.

Le règne de Catherine II est surtout célèbre pour les embellissements apportés à sa capitale dont elle doublera la superficie en 30 ans.

Elle fait édifier de nombreux monuments et des établissements tels que l'Académie des arts, le Couvent des demoiselles nobles, la Maison des enfants trouvés à Moscou, sans parler des institutions déjà créées, comme le corps des cadets et les manufactures de la couronne auxquels elle apporte de tels perfectionnements que l'on pourrait la considérer comme la créatrice.

L'université de Moscou et l'académie de St-Pétersbourg recrutent des maîtres français.

L'engouement pour tout ce qui vient de France est tel que les Russes de la bonne société reçoivent parfois chez eux comme précepteurs ou secrétaires des Français dont les seuls titres de référence sont...d'être français.

*

Lorsque Catherine II décide de faire élever un monument à la mémoire de Pierre le Grand, fondateur de l'Empire russe, elle songe tout naturellement à un artiste français.

Le général Betzki, ministre des Beaux-Arts, responsable du projet, fait appel aux bons offices du prince Galitzine, alors ambassadeur de Russie auprès de la cour de Versailles.

Cet amateur d'art qui vit à Paris depuis plus de dix ans a formé son goût auprès des artistes et des écrivains qui constituent le cercle de ses amis.

Par eux, il est au courant de toutes les propositions de transactions qui circulent dans la bonne société parisienne. Parmi les familles en difficulté, bien peu échappent à sa vigilance. Celui que Voltaire appelle *"l'espion du mérite et de l'infortune"* peut ainsi acheter dans les meilleures conditions, avec l'aide de Diderot, tout ce qui lui paraît digne de figurer dans les collections de la souveraine et dépouille systématiquement notre patrimoine artistique au profit de la Russie avec la complicité involontaire de quelques artistes.

Négociateur avisé, le prince Galitzine est l'homme le mieux introduit pour mener à bien cette délicate mission, aidé de Diderot, lui-même conseiller artistique de l'impératrice.

Les deux amis sont des familiers de la rue d'Anjou et des admirateurs de Falconet dont ils apprécient le talent et l'originalité. Ce diable d'homme leur paraît tout désigné pour une entreprise de cette envergure. Leur choix est judicieux ; ils ne se sont pas trompés ; le sculpteur est bien l'homme de tous les défis et ce projet avec ce qu'il comporte de difficultés et d'aventures est fait pour le séduire.

Bien décidé à appuyer la candidature de son ami, le philosophe se propose de négocier les termes du contrat et d'obtenir pour lui les meilleures conditions tout en tenant compte de ses souhaits et de ses exigences, ce qui n'est pas sans présenter quelques difficultés. En effet, si Falconet fait preuve pour l'occasion d'un désintéressement étonnant concernant les conditions matérielles, ses demandes ont un caractère plus personnel. Il ne veut pas se séparer de sa jeune élève, devenue sa proche collaboratrice et sollicite pour elle des conditions particulières.

Il reste encore à convaincre M.-A. Collot de participer à l'expédition...

Il faut se rappeler que la jeune fille a tout juste 18 ans. Si ses liens familiaux ne lui pèsent guère et ne représentent pas un obstacle insurmontable, la Russie lui paraît bien lointaine et l'idée de quitter cette maison, ce foyer où elle se sent si bien la plonge dans l'angoisse. Nul doute que le sculpteur aidé de son ami ait su trouver les arguments capables de faire tomber ses dernières préventions afin de la décider à accepter ce départ vers l'inconnu.

Dans ses premières lettres adressées en Russie à son ami, Diderot évoque ces moments si difficiles "*...à la veille d'une séparation qui nous coûta beaucoup à tous les trois, Ah ! Mlle Collot, combien vous pleurâtes sur le rempart et que j'eus de peine à arrêter vos larmes...Mon Falconet tenez à Mlle Collot la promesse que je lui faisais, un soir, quelques jours avant votre départ, comme elle pleurait et moi je lui disais que par votre séjour, seuls sur une terre étrangère, vous vous deviendriez plus nécessaires et plus chers l'un à l'autre...*".[1]

*

Le prince Galitzine recommande Falconet au général Betzki et le choix du sculpteur est définitivement arrêté vers la mi-juillet 1766.

---

[1] Lettre de Diderot à Falconet 7 sept. 1769 p 972.

Diderot est chargé de l'élaboration du contrat qui doit être passé entre le prince Galitzine et Falconet pour l'érection de la statue de Pierre le Grand à St-Pétersbourg. Il obtient pour ce traité des conditions particulièrement avantageuses, à la fois pour son ami et pour sa jeune élève ; conjointement à ce traité, il fait stipuler un engagement pour cette dernière, qui se voit attribuer une pension de 1500 livres par an. Ce fait est confirmé par le prince Galitzine lui-même dans un rapport adressé le 31 août au ministre Panine.

"...M. Falconet emmène avec lui une jeune demoiselle, son élève, il s'intéresse d'autant plus à elle, que c'est une espèce de prodige, par son talent et sa conduite.

La quantité de portraits que je lui ai vu faire ici sont parfaits et elle ne peut que se rendre utile dans notre pays.

Je l'ai jugée digne de sa Majesté Impériale et n'ai pu m'empêcher de lui accorder des honoraires de 1500 livres par an en considération de M Falconet.

Vous priant en grâce, Monseigneur de les faire augmenter jusqu'à 2000 livres, M Falconet y sera plus sensible que si vous lui accordiez une grâce personnelle. Au reste votre Excellence sera à même de juger de ses talents par les ouvrages qu'elle apporte avec elle, dont un entre autre est le portrait de M. Diderot et l'autre le mien".[1]

La jeune artiste bénéficie alors d'une réputation suffisamment flatteuse, pour que Grimm, dans sa "correspondance littéraire", relate son départ pour la Russie en compagnie du maître, comme un événement de la vie artistique et mondaine.

"...M. Falconet emmène avec lui, une jeune personne de 18 ans appelée Mlle Collot, son élève depuis 3 ans et qui fait le buste avec beaucoup de succès. C'est un

---

[1] Charles Cournault *Gazette des Beaux-arts* août 1869 p 117 à 144.

phénomène assez rare pour être unique. Elle a fait plusieurs bustes d'hommes et de femmes, très ressemblants et surtout plein de vie et de caractère. Celui de notre célèbre acteur Préville en Sganarelle dans " le médecin malgré lui" est étonnant. Je conserverai celui de M. Diderot qu'elle a fait pour moi. Celui de M. le prince Galitzine ministre plénipotentiaire de Russie est parlant comme les autres.

Je ne doute pas que si ces différents bustes avaient été présentés à l'académie Mlle Collot eut été agréée d'une voix unanime et c'est un honneur que son maître aurait dû lui procurer avant son départ pour St-Pétersbourg.

Cette jeune personne joint à son talent une vérité de caractère et une honnêteté de mœurs tout à fait précieuses. Elle ne manque point d'esprit assurément, et cet esprit est relevé par une pureté, une vérité, une naïveté de sentiments qui le rendent très piquant et qu'elle m'a promis de conserver religieusement...".[1]

---

[1] Grimm correspondance littéraire sept. 1766 p. 275 à 277.

Départ de Falconet et de son élève pour la Russie

Le départ est fixé au 10 septembre ; les bagages sont embarqués fin août, dans le port de Rouen à bord de l'Aventurier.

Falconet et M.-A. Collot se mettent en route le 12 septembre après avoir pris congé de leurs amis.

Ils ont pris deux jours de retard, qu'ils sont bien décidés à rattraper, car ils sont pressés d'arriver à St-Pétersbourg avant le départ de l'impératrice et de la cour pour Moscou.

Ils brûlent les étapes et s'autorisent tout juste une courte halte, afin de découvrir Berlin. Evoquant cette visite, Falconet confiera à son ami Diderot combien il a été surpris et charmé par l'atmosphère du quartier juif et la gaieté de ses habitants.

Poursuivant leur voyage, ils sont rejoints à Riga par un officier de l'impératrice chargé de leur souhaiter la bienvenue au nom de la souveraine et de les escorter jusqu'à leur destination finale.

Leur arrivée à St-Pétersbourg le 21 octobre est confirmée par une lettre du vice chancelier Panine à son cousin le prince Galitzine.

Tout est préparé pour les recevoir ; ils sont munis des plus chaudes recommandations de Diderot pour le général Betzki[1], ministre des Beaux-Arts et du prince Galitzine pour le comte Panine.

---

[1] Lettre de Diderot au Général Betzki 28 - 31 août 1766 p. 688 - 689.

Un logement les attend rue de la Petite Millionne, non loin du Palais d'Hiver et de l'Ermitage, dans l'ancien Palais de bois de l'impératrice Elisabeth où Catherine II avait elle-même habité quand elle n'était encore que grande-duchesse.

Un atelier leur a été réservé non loin de là, sur la place du Sénat.

St-Pétersbourg n'est pas encore cette ville élégante, cette capitale modèle dont rêve Catherine II. C'est un immense chantier de palais jamais terminés où se côtoient des aventuriers venus des horizons les plus divers, une cité qui se voudrait à l'image de Versailles.

Tout y est démesuré ; les nombreux canaux drainent des quartiers marécageux, recouverts de maisons en bois, souvent très misérables.

*

Falconet et M.-A. Collot sont chaleureusement accueillis par l'"impératrice qui se confie à son amie et confidente Mme Geoffrin : "...*M. Diderot me recommande ses amis. Il m'a fait faire l'acquisition d'un homme qui je crois n'a pas son pareil, c'est Falconet, il va incessamment commencer la statue de Pierre le Grand. S'il y a des artistes qui l'égalent en son état, on peut avancer hardiment qu'il n'y en a point qui lui sont à comparer je pense par les sentiments, en un mot, il est l'ami de l'âme de Diderot...*"[1]

Le sculpteur arrive en Russie auréolé du prestige attaché à tout ce qui vient de France et plus particulièrement de Paris ; la souveraine, conquise par

---

[1] Lettre de Catherine II à Mme Geoffrin 21 oct 1766. Publiée en prologue par L. Reau dans la correspondance de Falconet avec Catherine II en 1921.

l'étendue de sa culture et le charme de sa conversation, le reçoit presque chaque jour dans sa résidence de l'Ermitage.

La vie à la cour est une suite ininterrompue de fêtes et de divertissements en tout genre.

Falconet et sa jeune élève sont les invités privilégiés de Catherine II qui ne manque pas de s'y entretenir le plus amicalement du monde avec celui qu'elle nomme familièrement son "compère".

Forts à la mode, les bals masqués rendus publics à l'occasion de certaines fêtes comme celles de Mardi Gras ou de la Semaine Sainte peuvent drainer jusqu'à 8000 personnes. La cour ne dédaigne pas de s'y rendre et la bonne société y côtoie dans la bonne humeur et la plus grande décontraction les classes les plus modestes, ce qui donne lieu parfois à certains débordements...

Ces fêtes sont relayées par des clubs privés où les étrangers, parrainés par un des membres, sont facilement admis ; en outre ces clubs organisent régulièrement des bals et des concerts.

Diderot, curieux, veut tout connaître de la nouvelle vie de ses amis"...*mon ami, vous avez changé de climat de vie, de mœurs, d'aliments, d'air, d'eau, de société, nous avons sans cesse besoin d'être rassurés, continuez donc à parler de votre santé, de vos travaux et des attentions qu'on a pour vous, des agréments dont vous jouissez que nous sachions qu'il y a sous le pôle indépendamment de la souveraine des hommes sensibles à l'esprit, à la probité, aux talents et que vous avez trouvé en Russie, tout ce que vous devez vous promettre d'avantages... Vous allez au bal, y dansez vous l'ours? Mlle Collot tient-elle le ruban de mon ami?...Vous n'y reconnaissez pas l'impératrice? et qui diable reconnaîtrait la plus grande souveraine du monde, sous la casaque de ce gueux de St François?...*".[1 1]

---

[1] Lettres de Diderot à Falconet. 29 déc. 1766 p 717 - mars 1767 p 725.

Falconet confie à son ami son étonnement sur la liberté qui règne au palais. Un règlement particulier, rédigé par l'impératrice elle-même, recommande à ses hôtes de laisser au vestiaire leurs titres et leurs grades, de même qu'ils devaient y déposer leur chapeau et leur épée avant de pénétrer dans le sanctuaire, chacun étant libre de ses mouvements en dehors de toute considération de hiérarchie, à la condition expresse de ne pas parler trop fort, de ne pas chercher querelle, baîller, soupirer ou boire avec excès. Les contrevenants, à condition d'avoir été confondus par deux témoins, étaient condamnés à boire un verre d'eau froide et à réciter à titre de punition une page de *Télémaque* de Fénelon, traduit en russe.

Nous savons que l'adaptation de Falconet et de son élève à cette nouvelle vie, à cette société frivole et superficielle ne s'est pas faite sans difficultés.

Sous un enthousiasme de commande répondant à l'engouement de l'impératrice, le sculpteur et son élève sont perçus à la cour avec une certaine réserve.

Cet homme de cinquante ans (Falconet) et cette jeune fille de dix-huit ans, son élève et collaboratrice qui pourrait être sa fille, alimentent les conversations ; personne ici n'a jamais vu de femme sculpteur et chacun s'interroge sur sa véritable fonction...

C'est à l'occasion d'un voyage à Moscou au début de février 1767 que l'impératrice commence avec Falconet une longue correspondance riche de quelque deux cents lettres qui se prolongera jusqu'en 1778[2]. Joints à la correspondance échangée avec Diderot, ces documents inestimables constituent un précieux témoignage sur la vie et les activités du sculpteur et de son élève durant leur séjour en Russie.

---

[1] Ibid
[2] Correspondance publiée par L. Reau à la librairie Edouard Champion à Paris en 1921.

M.- A. Collot et le buste

On sait que M.-A. Collot a apporté dans ses bagages les bustes de Diderot et du prince Galitzine comme échantillon de son talent. Elle brûle d'impatience de se faire connaître et d'être admise à faire les portraits de l'impératrice et de son favori le comte Orloff.

Mais elle doit d'abord se conformer à l'usage imposé par la souveraine qui, de même qu'elle a recours aux bons offices d'une « essayeuse » chaque fois qu'elle prend un nouvel amant, afin de se mettre à l'abri de surprises désagréables, ne consent jamais à poser pour un nouveau portraitiste sans avoir mis son talent à l'épreuve.

C'est une parente du général Betzki, en réalité sa fille naturelle, connue sous le nom d'Anastasia Ivanovna Sokolova, qui est choisie comme cobaye. Elevée à Paris par la princesse Galitzine, fille de la demi-sœur du général, la landgrave de Hesse Hombourg née Troubetzkaïa, la jeune fille y reçoit une éducation fort peu conformiste, puisqu'elle a pour professeur la célèbre Clairon. De retour à St-Pétersbourg en 1762 à la mort de la princesse Galitzine, elle est présentée à l'impératrice qui la choisit comme demoiselle d'honneur.

La jeune fille, apparemment fort délurée, écrit le 15 octobre 1766 à son ami et confident, Valentin Jameray Duval, bibliothécaire de l'empereur à Vienne.

"...*Monsieur Falconet vient d'arriver ; notre Souveraine l'a appelé pour faire la statue de Pierre le Grand ; il a avec lui une parente (...) âgée de 18 ans, fort aimable, c'est un phénomène ne sachant pas qu'aucune de notre sexe, se soit jamais érigée en sculpteur. Ils doivent commencer par faire mon buste, ce qui leur parait très difficile puisqu'ils ont tenu conseil à plusieurs reprises, comment me fixer étant trop vive..."*[1]

Nous savons en effet que la turbulence du modèle n'a pas facilité le travail de sa portraitiste. Ce buste n'a malheureusement pas été retrouvé ; peut-être a-t-il été envoyé à Vienne à son admirateur[2]. Anastasia Sokolova est alors âgée de 25 ans ; elle épousera en 1776 l'aventurier napolitain Joseph de Ribas qui sera avec le duc de Richelieu un des fondateurs d'Odessa.

L'épreuve passée avec succès, l'impératrice accorde sans plus attendre, des séances de pose à Mlle Collot.

C'est en décembre de cette même année que l'élève de Falconet est invitée par l'Académie impériale des beaux-arts de St-Pétersbourg à présenter sa candidature. Elle est élue à l'unanimité par l'assemblée des académiciens qui veut ainsi honorer la jeune statuaire française.

Son élection est confirmée en ces termes dans un procès-verbal en date du 30 décembre 1766 :

"Vu que le 25 décembre passé, dans la séance extraordinaire de l'Académie, Mlle Collot artiste statuaire, M. Radig, graveur de sujets historiques et M. Kotpakoff graveur de portraits ayant présenté de leurs travaux, ont été reconnus dignes d'être candidats au grade d'académicien.

Vu que, le 30 décembre du même mois, dans la séance extraordinaire, Mlle Collot fut élue à ce grade son

---

[1] Valentin Jameray Duval. *Œuvres précédées de mémoires sur sa vie.* Lettre d'Anastasia Sokolova à Valentin Jameray Duval. 15 oct. 1766.
[2] Lettre d'Anastasia Sokolova à Valentin Jameray Duval 8 Déc 1767. Anastasia Sokolova et Valentin Jameray Duval ont correspondu pendant 13 ans de 1762 jusqu'à la mort de ce dernier en 1775. Ecrivain et Archéologue, Valentin Jameray Duval a occupé les fonctions de Directeur du Cabinet des monnaies à Vienne.

élection se confirme maintenant et il est décidé de délivrer à Mlle Collot le diplôme institué par les académiciens".[1]

Le diplôme lui sera délivré le 10 janvier 1767. Cette flatteuse consécration est pour elle une excellente publicité et lui apporte une nouvelle clientèle de bourgeois fortunés. Elle exécute le buste du riche marchand Michel et les portraits du colonel Melissimo et de sa femme, qui seront exposés en 1768 à l'académie parmi les travaux des académiciens.[2]

*

En mars 1767, l'ambassadeur d'Angleterre, Sir Macartnay, en visite dans l'atelier de Falconet, s'intéresse aux travaux de sa jeune élève qui est en train de terminer les portraits de l'impératrice et de S.E. le comte Orloff. Cet amateur d'art ne cache pas son enthousiasme ; il est frappé par la qualité de son travail et par l'extraordinaire ressemblance avec les modèles.

Il sollicite la faveur d'une épreuve du portrait de la souveraine pour l'envoyer à Londres.

Ces premiers succès sont couronnés par sa nomination au titre envié de "portraitiste de l'impératrice" ; les commandes vont s'enchaîner.

Dès le mois d'octobre, la souveraine veut un buste de son sculpteur ; la commande est confirmée le 29 novembre."...*demandez, je vous prie si le buste de M. Falconet est aisé à faire...*".[3]

---

[1] Election de M.-A.. Collot à l'Académie impériale des Beaux-Arts. L. Reau. *La Renaissance de l'Art Français* 1931 p. 306 à 312.
[2] Notes de Jacob Schteline sur les Beaux-Arts en Russie. Moscou *Revue des Arts* 1990 TI p. 181-184. Cette exposition est confirmée dans une lettre de Falconet à Catherine II. 8 Juillet 1768 p. 63.
[3] Lettre de Catherine II à Falconet. 29 nov. 1767 p 35.

Malheureusement, si la jeune femme a tout lieu d'être satisfaite de ses premiers succès, elle n'en a pas encore reçu la contrepartie financière escomptée. Falconet s'en plaint auprès de l'impératrice dans une lettre en date du 12 novembre 1767"...*j'ai écrit au prince* (Galitzine) *que Mlle Collot n'avait rien de réel ici que les bontés de Votre Majesté ; que les deux seuls portraits, qu'elle a fait dans la ville, on ne lui en a payé qu'un, le prince qui a déterminé mon élève à s'expatrier est surpris et fâché de s'être trompé sur une partie des espérances qu'il lui donnait...*"[1]

Catherine II s'étonne"...*je serai de retour au mois de janvier à St-Pétersbourg et je promet mes bons offices à Mlle Collot pour que sa situation soit mieux établie. Je vous jure que je la croyais comprise dans un traité formel...*"[2]

Peu après, fidèle à sa promesse, l'impératrice fera servir à M.-A. Collot, une gratification de 12000 livres qui viennent s'ajouter à un traitement annuel de 16000 livres, portés à 1000 roubles l'année suivante. Elle est en plus nourrie, logée et rétribuée à part pour chacun de ses ouvrages, ce qui représente pour elle une véritable fortune.

*

Le bilan de cette première année à St-Pétersbourg est particulièrement satisfaisant pour M.-A. Collot dont le talent est maintenant apprécié et reconnu de tous.

L'année 1768 débute pour elle sous les meilleurs auspices ; elle vient de commencer le buste de Falconet commandé par l'impératrice.

Le sculpteur confie son inquiétude à son ami Diderot ; il ne se trouve pas beau...

---

[1] Lettre de Falconet à Catherine II. 12 nov. 1767 p 32.
[2] Lettre de Catherine II à Falconet. 29 nov. 1767 p 34.

"*...votre tête n'est pas si ingrate que vous le croyez répond le philosophe, vous n'êtes pas beau mais vous avez du caractère et de la finesse. Vous devez vous ressembler beaucoup, si elle vous fait en marbre, comme elle vous connaît, en chair et en os...*"[1]

Diderot ne s'y est pas trompé, et on peut sans crainte dire que M.-A. Collot a réalisé là une œuvre admirable que certains historiens n'ont pas hésité à qualifier de chef-d'œuvre.

Le sculpteur est représenté sans artifice vestimentaire, en simple tenue de travail ; la physionomie est ouverte, le regard pétillant, la bouche railleuse ; l'ensemble est incroyablement vivant et ne manque assurément pas de charme !

Sans transition, Catherine II confie à Falconet son rêve d'avoir un buste d'Henri IV et de Sully.

Le sculpteur transmet aussitôt le message : " *...Mlle Collot s'est mise à rêver, sitôt que les ordres de votre Majesté lui ont été annoncés et comme elle est fort rêveuse, elle sera peut être encore 3 ou 4 jours avant de s'éveiller, après lequel temps, elle enverra ou, ce qui serait je crois mieux, elle portera son rêve à Tzarseko Celo, votre Majesté le réalisera si elle l'approuve. Il se pourrait que ce rêve ne fut pas déplaisant, car toutes les fois que nous autres français, rêvons à Henri IV nous en rêvons avec plaisir...*"[2]

Toujours pleine de bonne volonté, la jeune femme ne demande qu'à rêver ; mais c'est sans compter sur une malencontreuse pénurie de marbre...

"*...le buste de l'impératrice est fini, celui oserais-je le dire, celui du sculpteur avance et quand le sculpteur ou la sculptrice aura du marbre, elle commencera les autres*

---

[1] Lettre de Diderot à Falconet. 6 sept. 1768 p. 860.
[2] Lettre de Falconet à Catherine II .23 mai 1768 p. 44

têtes ordonnées ; en attendant elle étudiera les modèles..."[1]

L'impératrice s'impatiente"...*et d'où vient donc qu'elle n'a pas autant de marbre qu'il lui en faut, est-ce qu'il n'y en aurait plus dans mes magasins où à l'académie ? Mon impatience est grande de voir une bonne et belle provision de marbre...*"[2]

Dans ses mémoires, Catherine II laisse percer son admiration pour Henri IV qui représente à ses yeux le modèle des souverains ; elle raconte que, dans sa jeunesse elle dévorait l'histoire d'Henri le Grand de Hardouin de Péréfixe et surtout *La Henriade* dont elle avait fait son livre de chevet.

En l'absence de modèles, M.-A. Collot demande à J.-B. Lemoyne de lui envoyer les documents iconographiques qui lui font défaut.

"...*Lemoyne*, écrit Diderot le 6 septembre 1768, *fera mieux que vous ne demandez, mais ce ne sera pas pour demain. Vous aurez un masque d'Henry IV qu'il a fait lui-même d'après Pourbus et un autre masque de Sully qu'il a fait faire d'après le même peintre...*".[3]

En attendant, l'impératrice songe à utiliser les talents de son sculpteur pour un travail un peu particulier ; elle vient de recevoir "...*deux mauvais bas reliefs qui ne sont pas plaçables...*", pour sa résidence d'Orianenbaum et sollicite l'avis de Falconet pour une transformation possible. Elle a bien une petite idée...

Le sculpteur demande plus de précisions : "...*s'il était possible de savoir ce que serait le bas relief dont parle Votre Majesté, il serait aisé de voir si la sculpteuse est en*

---

[1] Ibid.
[2] Lettre de Catherine II à Falconet. 14 juin 1768 p. 52.
[3] Lettre de Diderot à Falconet 6. sept 1768 p. 866.

état de l'entreprendre..."[1]. Peut-être s'agit-il des deux bas-reliefs conservés au palais de Pierre le Grand à Lomonosof ?

Toujours soucieuse d'agrandir sa galerie de portraits, Catherine II demande à son sculpteur un buste du plus prestigieux de ses correspondants, Voltaire, qui est aussi l'auteur d'une *Histoire de la Russie sous Pierre le Grand* et compte au nombre de ses admirateurs.

En l'absence de documents iconographiques sur le grand homme qu'elle n'a jamais rencontré, M.-A. Collot s'inspire d'un buste de Lemoyne.

Bien des années plus tard, Catherine II reniera son vieil ami et fera enlever son buste de ses appartements.

En 1768, elle est encore sous le charme du maître de Ferney et souhaite lui envoyer un cadeau amical. Indécise quant au choix, elle prend conseil auprès de Falconet qui propose "*...une tête en marbre de Votre Majesté (celle qui a le voile par exemple) serait à coup sûr un présent digne de l'impératrice et du poète philosophe...*"[2] la suggestion est aussitôt acceptée ; M.-A. Collot est priée sur le champ "*...de prendre un bloc et d'en faire ma physionomie...*"[3]

On remarquera au passage l'habileté et la diplomatie employées par Falconet pour obtenir de nouvelles commandes à sa protégée...

*

Le musée des Beaux-Arts de Nancy et le musée du Louvre possèdent deux bustes de jeune femme exécutés

---

[1] Lettre de Falconet à Catherine II. 9 juillet 1768 p. 58. Deux autres bas-reliefs consacrés aux sujets bibliques sont actuellement conservés au musée de l'Académie des Beaux-Arts de St-Pétersbourg.
[2] Lettre de Falconet à Catherine II. 28 juin 1768 p. 53.
[3] Lettre de Catherine II à Falconet. 1er juillet 1768 p 56.

par M.-A. Collot à St-Pétersbourg en 1768 , considérés aujourd'hui comme des portraits de Mary Cathcart.

En provenance de la succession de Mme de Jankowitz, le buste en marbre légué en 1865 au musée des Beaux-Arts de Nancy illustre bien les difficultés d'identification des œuvres de M.-A. Collot.

Lors de la donation, la fille du sculpteur a confié qu'elle ignorait si cette œuvre était un portrait d'une amie de sa mère, un autoportrait de celle-ci ou le portrait de Mary Cathcart. M. de Warren, exécuteur testamentaire de la baronne Jankowitz pensait qu'il s'agissait d'un portrait de Catherine II à l'âge de 17 ans exécuté d'après des documents d'époque...

Identifié à l'origine comme un autoportrait de l'artiste, le buste en plâtre en provenance de Lorraine entré dans les collections du Louvre en 1948 est considéré comme le plâtre original ayant servi de modèle au marbre de Nancy. La facture en est presque identique ; le visage à l'ovale allongé est empreint d'une certaine mélancolie. On peut admirer la pureté des traits et la souplesse du modelé qui témoigne de la grande habileté du sculpteur.

*

Après les bustes de Voltaire et de l'impératrice qui ne sont pas encore terminés, M.-A. Collot reçoit une nouvelle commande. Il s'agit cette fois du portrait de son ami Diderot.

Malgré toute sa bonne volonté, la jeune femme semble un peu débordée par la multiplicité de ces commandes. Elle est embarrassée dans le choix des priorités et prie Falconet d'intercéder pour elle auprès de la souveraine : "...*Mlle Collot prend la liberté de demander si elle ne ferait pas bien de suspendre le travail du portrait de Voltaire, pour finir plus promptement celui de votre*

Majesté, afin de l'envoyer à Fernay, tandis que la saison le permet encore...".[1]

L'impératrice donne aussitôt son accord : "*...Si Mlle Collot aime mieux faire mon portrait que celui de Voltaire, volontiers j'y consens, mais comme la saison est fort avancée je crains qu'il faudrait se hâter, s'il fallait l'envoyer cette année et vous savez que c'est ce que j'évite volontiers de recommander aux personnes qui s'occupent comme Mlle Collot et s'en acquittent aussi heureusement...*"[2]

C'est en 1769 que M.-A. Collot reçoit la commande pour le buste de Mary Cathcart, la seconde et la plus jolie des filles de Lord Cathcart, ambassadeur d'Angleterre. Nommé en 1768, ce diplomate a probablement été introduit auprès de la jeune femme par son prédécesseur Sir Macartenay, grand admirateur de Falconet.

L'histoire de ce portrait comporte encore bien des inconnues ; nous savons seulement qu'emporté par la famille Cathcart en 1772, lors de son retour en Angleterre, il a depuis disparu.

MM. Cournault, Valabrègue et Réau, historiens et biographes de Falconet et de son élève, ne se sont guère étendus sur cette œuvre dont on avait perdu la trace.

Curieusement on ne trouve pas la moindre allusion à Mary Cathcart dans les nombreux écrits et la correspondance du sculpteur, à l'habitude si prolixe sur les travaux de son élève et l'on n'en trouve pas davantage sous la plume de Diderot.

Comment dans ses conditions expliquer cette lacune pour le moins étonnante, de la part de ces deux proches de l'artiste, si l'on tient compte de la place de ce buste dans son iconographie.

---

[1] Lettre de Falconet à Catherine II. 13 sept. 1769 p 96.
[2] Lettre de Catherine II à Falconet. 15 sept. 1769 p 98.

Une lettre de Falconet écrite à La Haye le 8 juin 1779 annonce à M.-A. Collot devenue sa belle-fille l'arrivée de "la tête de marbre" dans les caisses reçues de St Péterbourg[1]. Il s'agit sans doute du buste légué au musée de Nancy par Mme Jankowitz et dont, de son propre aveu, elle ignorait l'identité.

Peu après la Seconde Guerre mondiale, le musée du Louvre se portait acquéreur d'un buste en plâtre, en provenance de Lorraine, signé M.-A. Collot et daté de 1768, presque identique au précédent[2]. Comparés au portrait exécuté à St- Péterbourg par son mari le peintre Pierre-Etienne Falconet, ces deux bustes sont alors reconnus comme des autoportraits de l'artiste. Un troisième portrait présumé de Mary Cathcart signé et daté de 1772 est conservé au musée de l'Ermitage.

Un Français résidant à St-Pétersbourg, proche semble-t-il de Falconet et de son élève, a brossé un portrait généreux de la jeune "sculptrice". L'auteur de ce texte, intitulé chapitre IX d'un ouvrage destiné à devenir une *Encyclopédie de la Russie*, après avoir longuement évoqué la vie et les travaux de M.-A. Collot, s'enflamme littéralement pour le dernier ouvrage qu'il a vu dans son atelier *"...le buste de Miss Cathcart, la tête de cette jeune fille est une des plus jolies que l'on puisse imaginer... la finesse des traits de son modèle et le sourire gracieux...cet heureux assemblage de tout ce qui exerce un empire puissant sur le cœur de l'homme...cette beauté vivante et animée à laquelle le sage ne résiste pas...cette grâce don précieux de la nature..."*[3].

---

[1] Lettre de Falconet à sa belle-fille. La Haye 8 juin 1779. *Nouvelles archives de l'Art Français* 1895 T. XI p. 18 à 23.
[2] Francis Salet. Acquisition du musée du Louvre. M.-A.. Collot par elle-même. Arts 1er février 1946 p. 1-2.
[3] MSSNA Fr 24983. Fonds Falconet. Jankowitz.

Pour Mme Jankowitz, cet hommage au buste de Mary Cathcart aurait fait partie du discours prononcé à l'occasion de la réception de sa mère à l'académie des Beaux-Arts. Cette assertion nous paraît erronée, puisqu'en 1767, date de son élection, l'ambassadeur en titre était encore Sir Macartenay et que par conséquent le buste de la jeune Anglaise n'avait pas encore été exécuté.

En dépit d'une référence à une *Histoire de l'Académie des sciences* qu'il aurait précédemment écrite, personne à ce jour n'a pu percer l'identité de ce mystérieux auteur, qui a pu admirer à la fois le buste et son modèle. Sa description enthousiaste de ce buste qui réunit à la fois la beauté, la grâce et la délicatesse d'une jeune fille et contient déjà toutes les promesses de la séduction, correspond bien à l'image des portraits conservés aux musées de l'Ermitage, du Louvre et de Nancy, et qui sont considérés aujourd'hui comme ceux de Mary Cathcart. Une évidence qui laisse encore bon nombre de questions sans réponse.

Un second portrait réalisé par M.-A. Collot pour la famille Cathcart nous est connu grâce aux écrits du Révérend William Tooke[1]. Il s'agit d'un médaillon grandeur nature, exécuté pour le tombeau de Lady Cathcart née Jane Hamilton sœur aînée de William Hamilton, ambassadeur à Naples.

Ce médaillon représente l'épouse de l'ambassadeur d'Angleterre décédée à Saint-Pétersbourg le 13 novembre 1771 à l'âge de quarante-six ans. Lady Cathcart fut enterrée dans le tombeau familial de Grosvenor Chapel South Audley Street à Londres, mais il semble que le médaillon conservé dans la collection Earl Cathcart à

---

[1] William Tooke dit l'Aîné, membre de la Société Royale de Londres, de l'Académie Impériale des Sciences et de la Société d'Economie de St Pétersbourg, Chapelain de la communauté des marchands de 1774 à 1792.

Sandridge ne fut jamais utilisé pour son monument funéraire[1].

William Tooke qui connaissait Falconet avait traduit et publié à Londres en 1778 sans son autorisation les *Réflexions sur la sculpture*[2]. De retour d'Angleterre, il écrit une biographie de Catherine II impératrice de Russie, publiée anonymement en 1798 ; mais c'est dans une édition plus tardive en 1800 qu'il évoque la carrière de M.-A. Collot durant son séjour en Russie et mentionne brièvement le médaillon de feu Lady Cathcart réalisé pour son monument en Ecosse[3]. William Tooke est aussi l'auteur d'une *Histoire de l'Empire Russe sous Catherine II et à la fin du XVIIIème siècle*[4].

Les relations de Falconet et de son élève avec la communauté anglaise sont antérieures à l'arrivée de Lord Cathcart et de sa famille.

En 1768, dans une lettre adressée à ses amis, Diderot fait allusion à un pasteur anglais auteur d'un article sur l'allégorie en peinture et en sculpture, Mr King[5]. Cet ecclésiastique, conservateur des médailles de Catherine II, critique d'art à ses heures, fera exécuter son buste par M.-A. Collot[6].

*

---

[1] N.H. Opperman. M.-A. Collot in Russia, Two portraits, *the Burlington magazine*. Août 1965 p. 408 à 415.
[2] *Pieces written by M. Falconet and M. Diderot on sculpture in general and particularly on the celebrated statue of Peter The Great, now finishing by the former at St Petersbourg translated from the frensh with several additions by William Tooke, Chapelain to the factory of St-Petersbourg.* London Printed by Bowyer and John Nichols 1778.
[3] *The life of Catherine II Empress of Russia.* TN Longman and O. Rees.
[4] *Histoire de l'Empire Russe sous Catherine II et à la fin du XVIIIème siècle.* Crapelet Maradan Libraire. 3V Paris 1801.
[5] Lettres de Diderot à Falconet. 6 septembre 1768 p. 863 - 866 - 868. 26 mai 1769 p. 946 - 950.
[6] Notes de Jacob Schteline sur les Beaux-Arts en Russie. Moscou *Revue Arts* 1990 TI p. 181 à 184.

On reste confondu devant la capacité de travail de M.-A. Collot, toujours prête à accéder aux multiples demandes de l'impératrice.

La souveraine apprécie tout particulièrement le talent et la bonne volonté de sa jeune portraitiste, pour laquelle elle a parfois des attentions inattendues. N'a-t-elle pas décidé de lui offrir un rossignol ?

"...je crois Mlle Collot bien fâchée contre moi de ce que le rossignol que je lui ai promis n'est pas encore venu, mais je lui tiendrai parole. L'on dit qu'il y en a encore qui ont cessé de chanter, avant la St Pierre, temps auquel ils s'enrhument tous..."[1]

Le rossignol annoncé est enfin trouvé.

"...le rossignol qui n'est pas enrhumé accompagne cette lettre (14 mai 1769), *il faut l'attacher en dehors de la maison, car personne ne pourra endurer son chant dans un appartement. Priez Mlle Collot d'avoir des bontés pour ce petit sauvage"*.[2]

Le ton libre et amical de l'impératrice témoigne, s'il en était besoin, de sa sollicitude envers la jeune femme.

Après le succès du buste de Mary Cathcart, M.-A. Collot ne semble pas pressée de reprendre son travail avec les commandes de l'impératrice. Les bustes d'Henry IV, Sully et Voltaire sont des sujets bien austères pour cette jeune femme de 21 ans.

On imagine aisément la frustration de cette excellente portraitiste, obligée de travailler sur des documents iconographiques, privée du contact direct avec son modèle et dans l'impossibilité de redonner vie à ses visages par une expression saisie sur le vif. Il suffit de regarder les bustes exécutés d'après des documents et ceux réalisés avec un modèle vivant pour voir immédiatement toute la

---

[1] Lettre de Catherine II à Falconet. 10 mai 1769 p 77.
[2] Lettre de Catherine II à Falconet. 14 mai 1769 p 82.

différence. On sent dans les seconds un frémissement de vie qu'on ne retrouve pas dans les autres.

Un sourire, la joliesse d'un visage inspirent à M.-A. Collot le buste d'une jeune fille, exécuté pour le seul plaisir du sculpteur.

Nous ne saurons rien de plus de cette inconnue qui suscite l'enthousiasme de Falconet ; peut-être s'agit-il de la jeune camériste de la princesse Bariatinskaïa née princesse Khovanskaïa[1], célèbre pour sa beauté. Dans une lettre datée du 10 juin, le sculpteur annonce à l'impératrice que "... *la petite qui se contente d'être jolie est finie. Si votre Majesté veut en faire demander des nouvelles par M Betzki ; Mlle Collot recevra ainsi l'ordre et demandera la permission d'aller vous la présenter, c'est dommage que le marbre en soit taché, car c'est une des plus jolies têtes que j'ai vues en sculpture, elle est bien plus fine...*"[2]

Le buste de cette jeune inconnue qu'elle n'a pas commandé n'inspire pas vraiment l'impératrice qui répond sans autre commentaire qu'elle fera demander la petite tête à Mlle Collot.

Il en faut plus pour arrêter Falconet bien décidé à faire admirer l'œuvre de son élève : "...*M. l'ambassadeur d'Angleterre a dit à Mlle Collot que votre Majesté avait daigné se souvenir d'elle et en parler à propos d'un ouvrage qu'elle devait vous présenter, ne serait-ce pas la petite tête de marbre, Mlle Collot attend à chaque instant l'ordre de partir avec son ouvrage. Si votre Majesté fait donner l'ordre par M Beltzki, il sera exécuté sur le champs ou si elle me le donne, j'accompagnerai mon élève à Peterhof...*"[3]

---

[1] Notes de Jacob Schteline sur les Beaux-Arts en Russie. Moscou *Revue Arts* 1990 TI p. 181 à 184.
[2] Lettre de Falconet à Catherine II. 10 juin 1769 p. 85.
[3] Lettre de Falconet à Catherine II. 1er juillet 1769 p. 86.

L'impératrice, qui n'est décidément pas pressée, attendra le 20 juillet pour accéder à la prière du sculpteur "...*vous viendrez à Peterhof quand bon vous semblera... Mlle Collot sera la bienvenue de même que vous...*"[1]. Nous remarquerons au passage le laconisme de la réponse.

Le buste de cette jeune Russe et sa copie envoyée à Diderot ont eux aussi disparu.

---

[1] Lettre de Catherine II à Falconet. 20 juillet 1769 p. 88.

M.-A. Collot, médaillons et bas-reliefs

Indépendamment des bustes, M.-A. Collot a produit toute une série de portraits médaillons. Elle a particulièrement excellé dans ce genre, mis à la mode par Cochin.

A l'occasion de la victoire des troupes russes sur les Turcs à Khotin, sur le Dniestr, en avril 1769, elle exécute un portrait de l'impératrice triomphante, le front ceint de lauriers.

Un autre modèle, inspiré du buste réalisé à l'intention de Voltaire, la représentera coiffée du *kokochnik* traditionnel, sorte de diadème porté à l'origine par les femmes des Boyards et sur lequel est posé un voile.

Ces deux versions de portraits médaillons de la souveraine seront par la suite reproduites en marbre, en terre cuite et en bronze et serviront de modèles aux graveurs, pour orner leurs médailles.

Catherine II, apparemment fort satisfaite du travail de son sculpteur, demande aussitôt à Falconet" : *...comme les médaillons lui réussissent si bien, ne m'en ferait-elle pas encore quelques uns. Par exemple Pierre le Grand et sa fille l'impératrice Elisabeth, j'ai de cette dernière un portrait en profil peint par Caravaque...*

Sur tout ceci Monsieur je vous consulte et vous me direz votre avis sans inquiéter Mlle Collot en lui proposant trop de choses à la fois..."[1]

---

[1] Lettre de Catherine II à Falconet. 17 sept. 1769 p. 98.

Comme toujours pour Falconet les désirs de l'impératrice sont des ordres et la jeune femme n'est consultée que pour la forme : "...*Mlle Collot fera de son mieux les médaillons de Pierre le Grand et d'Elisabeth, elle attend le portrait peint de profil...*"[1]

Le premier ne devrait pas lui poser trop de difficultés, puisqu'en dehors de ses fonctions officielles elle collabore avec son maître à la réalisation de son monument, pour lequel elle est précisément chargée de l'ébauche de la tête du héros.

Cette nouvelle commande vient s'ajouter au buste de Diderot commencé en 1768 et qui ne sera terminé qu'en 1773 ; elle doit encore achever les bustes de l'impératrice et de Voltaire avant de s'attaquer aux médaillons.

Ainsi qu'on peut le constater, l'emploi du temps de Falconet et de son élève est particulièrement chargé ; ils ne quittent plus guère leur atelier où ils passent le plus clair de leur temps travaillant sans relâche tant que la lumière du jour le leur permet.

Accusant réception de la dernière lettre de change de son ami, Diderot, conscient de leur charge de travail, indique qu'il a prié son correspondant d'attendre le soir pour remettre son message, le moment où ils se reposent des fatigues de la journée.

*

M.-A. Collot n'a pas revu son ami Diderot depuis son départ de France, c'est-

à-dire depuis bientôt trois ans, et en trois ans les visages changent et la mémoire n'est plus aussi fidèle.

---

[1] Lettre de Falconet à Catherine II. 18 sept. 1769 p. 100. Les médaillons de Pierre le Grand INVN. N.2288, Catherine II INVN.1943 et INVN.509, et G. Orloff INVN.1140 sont conservés au département de la sculpture occidentale du musée de l'Ermitage.

Curieusement, il n'est plus question du buste rapporté de Paris ; a-t-il été détérioré par l'eau de mer ? A-t-il été cassé ? Il est en tout cas inutilisable puisque la jeune femme demande au philosophe de lui envoyer un moulage des deux terres cuites restées à Paris.

Flatté par ce projet, Diderot joue la modestie et répond le 11 juillet : "...*je ne vous dirai pas autrement l'ordre que sa Majesté a donné à Mlle Collot d'exécuter en marbre le buste de votre ami, que ce que j'écris au prince Galitzine. Combien je me reconnais au dessous de cet honneur...Damilaville n'est plus, le buste qu'il avait est passé entre les mains d'une bonne amie, mais le meilleur des deux que Mlle Collot ait fait, le dernier appartient à Grimm. Lemoyne à qui j'ai parlé du dessein ou plutôt des ordres que vous avez reçu de sa Majesté Impériale de m'exécuter en marbre m'a promis un masque qu'il exécutera dans le courant de septembre et que je vous enverrai avec un plâtre qu'on prendra sur la terre cuite de Grimm, vous choisirez...*"[1]

Le buste sera achevé peu avant le voyage du philosophe en Russie.

Dans une lettre datée du 7 janvier 1773, Falconet, qui n'était pas encore averti de la venue de son ami, annonce la nouvelle à l'impératrice : ".. *Puisque le véritable Diderot ne peut pas venir rendre ses hommages à l'impératrice son effigie attend vos ordres pour se présenter à son auguste et bienfaisante protectrice ; ce qui signifie que le marbre du portrait de Diderot est fini et que Mlle Collot le présentera à Votre Majesté au jour et à l'heure qu'elle daignera lui ordonner. Comme il y a 6 ans que je n'ai pas vu mon ami, je ne puis savoir au juste les changements qui ont pu se faire sur son visage, mais je puis assurer que ce marbre me le rappelle parfaitement et que quelques*

---

[1] Lettre de Diderot à Falconet. 11 juillet 1769 p. 948 - 949.

personnes qui l'ont vu depuis moi le reconnaissent à l'instant ; l'effet est égal sur ceux qui l'ont vu depuis longtemps. Mlle Collot a joint aux vérités que lui présentait son modèle fait il y a plus de 6 ans, tout ce qu'elle a pu se rappeler des différents traits, mouvements et impressions qui font la physionomie de l'original.

Aussi je crois le portrait fort ressemblant pour l'art et le travail du marbre, Votre Majesté en jugera parfaitement...".[1]

Il faudra attendre le 8 avril pour que Catherine II se décide à venir admirer le buste du philosophe : *"...le buste de Diderot est bien bon écrit-elle il demand à cor et à cri celui d'Alembert pour son vis à vis..."*.[2]

Ce dernier buste ne sera jamais exécuté par M.-A. Collot. Falconet s'en est expliqué dans sa correspondance avec l'impératrice.

"...Vous lui avez demandé, Madame, un portrait en marbre de M d'Alembert et n'ayant aucune étude, aucun modèle à suivre pour la ressemblance, il lui fut impossible de l'entreprendre. Si votre Majesté voulait encore ce portrait Mlle Collot en ferait le modèle à Paris d'après le naturel et le rapportant ici, elle en exécuterait le marbre à son tour...".[3]

On sait qu'il ne fut jamais donné suite à ce projet.

Les admirateurs de Diderot et de M.-A. Collot sont unanimes à trouver le buste fort ressemblant. Un visiteur arrivé depuis peu de Paris où il avait rencontré le philosophe se déclare frappé par l'exactitude des traits. Diderot lui-même, félicitant sa jeune amie, lui dira toute sa satisfaction.

---

[1] Lettre de Falconet à Catherine. II 7 juillet 1773 p. 189.
[2] Lettre de Catherine II à Falconet. 8 avril 1773 p. 201.
[3] Lettre de Falconet à Catherine II. 8 mars 1775 p. 249.

La souveraine est si contente du portrait de son philosophe, qu'elle décide de le garder à portée de regard dans ses appartements privés.

Un jeune diplomate français, M. de Corberon, en visite au palais, raconte qu'il a vu avec plaisir sur la cheminée la tête de Diderot en marbre de la main de Mlle Collot, écolière de Falconet, que cette tête est bien faite et la ressemblance frappante.[1]

---
[1] Journal intime du Chevalier de Corberon TI p. 156.

Tête de Pierre le Grand, la polémique

Falconet partage avec Mlle Collot l'atelier de la place du Sénat où ils travaillent en étroite coopération. Le sculpteur qui a souhaité la présence auprès de lui de son élève pour la durée de son séjour en Russie apprécie tout particulièrement le côté stimulant de cette cohabitation et n'hésite pas à faire appel à son jugement. C'est ainsi qu'il a confié à son ami Diderot : "...*qu'elle lui a fait jeter bas quantités de sottises et qu'il lui doit parfois d'excellents avis...*"[1]

L'adolescente qu'il a recueillie dans son atelier de la rue d'Anjou est maintenant une artiste au talent confirmé. Consciente de ses exceptionnelles qualités de portraitiste, il n'hésite pas à lui confier l'exécution de la tête de son héros.

Il existe différentes versions des circonstances de cette collaboration. La baronne de Jankowitz, fille de M.-A. Collot et petite-fille de Falconet, a raconté comment. "...*le sculpteur avait fait successivement 3 modèles de la tête de Pierre le Grand et les avait présenté à l'impératrice sans avoir pu en faire agréer aucun. Alors qu'il revenait un soir triste et découragé, confiant dans le respect que lui témoignait son élève, lui conta son échec et lui exprima le dépit qu'il ressentait et le peu d'espoir qu'il avait de satisfaire l'impératrice. M.-A. Collot passa la nuit au travail et fit voir le lendemain une ébauche que celui-ci*

---

[1] Lettre de Falconet à Diderot. Février 1768. Diderot Lettres inédites au statuaire Falconet p. 36.

s'empressa de porter au palais, le succès fut complet, l'impératrice avait été comprise par la jeune fille et déclara que le modèle de Mlle Collot devait seul servir à l'exécution de la tête du Czar et qu'il n'en serait pas fait d'autre...".[1]

Nous ne connaissons pas les sources de Mme de Jankowitz, mais cette anecdote nous paraît en contradiction avec ce que nous savons du caractère de Falconet et ce qu'il a lui-même écrit et confirmé à plusieurs reprises au sujet de cette collaboration.

M.-A. Collot a interrogé pour ce travail de nombreux documents iconographiques, des masques moulés sur le vif et sur le cadavre, le grand buste en bronze de Rastrelli et les nombreux portraits peints par Caravaque, Nattier, Kupeczki et Tannauer.

Quelques années plus tard, en 1773, poussant le scrupule à l'extrême, alors qu'elle apprend que l'on vient de retrouver un portrait de Pierre le Grand plus ressemblant que ceux qu'elle a déjà consultés, elle n'hésite pas à charger Falconet d'une démarche auprès de l'impératrice afin de se le faire prêter et de procéder aux ultimes retouches avant la fonte de la statue. Nous sommes loin de l'improvisation...

L'impératrice et Falconet récompensèrent généreusement M.-A. Collot, la première en lui faisant une rente viagère de 1000 livres, le second en lui abandonnant une partie de ses honoraires.

*

La nouvelle de cette collaboration sera à l'origine d'une polémique qui fit couler beaucoup d'encre et opposa

---

[1] Charles Cournault Maurice Etienne Falconet M.-A.. Collot. La statue équestre de Pierre le Grand *Gazette des Beaux-Arts* 1869 TI p. 142.

les partisans du sculpteur et de son élève à leurs détracteurs, choqués de la participation de la jeune femme à une œuvre de cette envergure.

La situation de Falconet, ses relations privilégiées avec Catherine II ainsi que les nombreuses commandes dont bénéficie M.-A. Collot suscitent aussi bien des jalousies et ne sont pas étrangères à ces prises de position, de même que le caractère susceptible et ombrageux du sculpteur, ses jugements à l'emporte-pièce, redoutables et sans appel lui valent souvent de solides inimités.

Un certain La Rivière, se jugeant offensé par ses propos, se venge en le qualifiant publiquement de *"petit sculpteur"* mettant en doute son aptitude à réaliser le monument du Tzar qu'il déclara *"absurde et infaisable"*, M.-A. Collot, quant à elle est traitée de *"petit modèle"*.[1]

Plus grave encore, un ouvrier employé comme aide dans l'atelier, se prétend l'auteur des sculptures qu'il a dérobées. La fureur de Falconet est à son comble, celui-ci est déshonoré et menace de se suicider. Diderot tente de calmer son ami *"...vous vous tuerez et cela pour faire taire des imbéciles qui prennent un manœuvre qui dégrossit un bloc pour un sculpteur. Est-ce qu'on y connaît point ici Etienne Falconet ?*[2]

Est-ce qu'on y connaît pas un Fontaine ? Se jeter dans la Neva pour un vol j'aimerais mieux y jeter un voleur !..."[3]

Il réconforte aussi M.-A. Collot. *"...Eh ! bien ma jeune amie, un Fontaine prétend qu'il a fait vos deux têtes ? Enfermez vous dans votre atelier, que le Fontaine n'y mette pas le pieds. Faites une tête plus belle que celle qu'il s'approprie et cette tête dira plus fortement que vous que Fontaine est un imposteur. Bonne amie, si Fontaine a fait*

---

[1] Lettre de Diderot à Falconet. mai 1768 p. 849.
[2] Lettre de Diderot à Falconet. 6 sept. 1768 p. 870.
[3] Ibid

votre buste de Falconet, il a fait aussi le mien et celui de Préville...".[1]

Les deux amis ont le moral bien bas ; l'impératrice elle-même tente de ramener son sculpteur à la raison ; elle lui écrit :"...*je vous conseille de laisser tomber les commèreries et de vous moquer de ceux qui vous tracassent, sans vous mettre en peine ni en colère...*".[2]

Paris n'est guère plus tendre avec nos deux sculpteurs. Diderot se fait l'écho des rumeurs qui circulent et met en garde son ami "...*surtout fait un beau cheval, car ils ont dit que tu le raterais. Tous nos amis se souviennent de vous, car ils continuent de m'en parler et de m'en parler avec intérêt, mais à condition toutefois que tu feras un mauvais cheval...*".[3]

Le prince Galitzine de retour d'un voyage en Russie en novembre 1769 décrit avec enthousiasme le monument du Tzar qu'il n'hésite pas à qualifier de sublime, ce qui a pour effet d'attiser les mauvais esprits...

M.-A. Collot n'est pas épargnée ; certains "*amis*" biens intentionnés croient reconnaître dans ses sculptures le coup de pouce du maître. La jeune femme est profondément blessée par ces insinuations malveillantes qui portent le discrédit sur son talent et sa probité.

C'est dans ce détestable climat de jalousie et de dénigrement que s'achève enfin la réalisation de ce chef-œuvre.

L'exposition aura lieu en avril 1770. "...*Enfin la toile est levée, je suis comme de raison à la merci du public, mon atelier ne désemplit pas...*"[4] constate Falconet. On se bouscule pour voir cette œuvre admirable. J'ai vu, dit M. de Corberon à une amie, "...*ce fameux morceau de Pierre*

---

[1] Lettre de Diderot à Falconet. 6 sept. 1768 p. 849.
[2] Lettre de Catherine II à Falconet. 6 juin 1772 p. 179.
[3] Lettre de Diderot à Falconet. 26 mai 1769 p. 946.
[4] Lettre de Falconet à Catherine II. 28 mai 1770 p. 125.

Ier en statue équestre de Falconet. C'est la plus belle statue que je connaisse dans ce genre. Vous savez toutes les discussions critiques et mauvais propos auxquels elle a donné lieu. Je puis vous assurer qu'elle les fera tous oublier...".[1]

"*...Mon modèle est fini*, écrit Falconet en avril 1770. *La statue a été commencée le 1er février 1768, je l'ai entièrement rebauchée, finie seul en 18 mois, malgré tous les jours d'hiver qui n'ont pas 4 heures de travail. J'excepte la tête du héros que je n'ai point faite. Ce portrait colossal expressif touché de caractère est l'œuvre de Mlle Collot mon élève...*"[2]

Dans ses *Entretiens avec un statuaire* Falconet a longuement analysé les éléments de cette collaboration. Rendant hommage au talent de sa jeune élève, il y réfute avec vigueur les attaques de ses adversaires : "*...Nous avons une sculpteur, qui si elle continue, pourra tenir une place honorable entre les artistes habiles et le prix de ses ouvrages ne sera point dû seulement au sexe ou à la singularité (car elle est seule) mais à leur propre mérite...Mme Falconet ma bru a modelé la tête colossale de Pierre le Grand, quelques personnes bien honnêtes s'occupèrent à jeter le ridicule sur cette action doublement vertueuse... si ces gens là avaient au moins quelques vraies connaissances de l'art, on pourrait leur dire; voyez si l'ouvrage de l'élève est inférieur à celui du maître puisqu'il s'agit de cela.*

Observez encore que si par exemple il était question d'une figure dont la tête fut un portrait et que l'élève eut absolument dirigé ses études vers ce genre qui ne serait pas autant celui du maître, il y aurait tout à parier que l'ouvrage ne déparerait pas celui du maître, car il faut

---

[1] Journal intime du Chevalier de Corberon. TI p. 141.
[2] Falconet Œuvres diverses concernant les arts. Entretiens avec un statuaire. T III p. 62.

supposer qu'ils ont au moins l'un et l'autre quelque théorie des parties de l'art qu'ils n'exercent pas et qu'en raison de l'importance de l'ouvrage, l'intérêt de sa perfection doit augmenter dans l'esprit de l'artiste qui en est chargé...".[1]

Appuyant son argumentation sur des précédents célèbres, Falconet fait remarquer que l'on ne peut qu'admirer la splendide harmonie du mouvement où nul ne peut dissocier la partie de l'œuvre de chacun des artistes.

Diderot se devait d'exprimer son sentiment sur cette regrettable polémique ce qu'il fera en 1773, lors de son séjour à St-Pétersbourg dans une lettre adressée à son ami Falconet : "*...sachez que l'on trouve assez singulier à Paris et à St-Pétersbourg que vous ayez confié à votre élève l'exécution d'une partie aussi intéressante de votre monument que la tête du héros. Tous ceux qui en parlent aussi indiscrètement aiment mieux blâmer une chose très sage que de se rappeler qu'elle est justifiée par l'exemple de plusieurs statuaires anciens. Le point essentiel est qu'un ouvrage est fait le mieux que possible.*

Eh bien! Mlle Collot fait mieux le portrait que vous, pourquoi non ? Un bon peintre d'histoire se tirerait difficilement d'un portrait comme La Tour qui de son coté ne tenterait pas une composition historique. Chacun son talent d'autant plus restreint qu'il est grand. Vous avez fait mon portrait, Mlle Collot le fit une seconde fois après vous, vous fûtes curieux de comparer votre travail avec le sien. Voilà les deux bustes exposés sous vos yeux, le votre vous parait médiocre en comparaison du sien, vous prenez un marteau et vous brisez l'ouvrage.

Allez mon ami celui qui est capable de cet acte de justice est né pour beaucoup d'autres procédés que la multitude n'appréciera jamais bien..."[2]

---

[1] Falconet *Entretiens avec un statuaire.* T I p. 394 - 396.
[2] Lettre de Diderot à Falconet. Déc. 1773 p. 1202.

On remarquera au passage le "coup de patte" du philosophe à propos des talents de portraitiste de son ami...

*

M.-A. Collot qui n'entend pas se faire oublier de ses compatriotes expédie régulièrement à Paris des plâtres de ses œuvres à son ami, Diderot le philosophe, toujours omniprésent, est à la fois le correspondant et le censeur de la jeune femme : "*...j'attend les têtes, je les attend et vous saurez ce que je pense d'elles, ce qu'on en dira et ce que je pense qu'on en dira...*".[1]

Il arrive souvent que la précarité des conditions de transport réservent de mauvaises surprises au réceptionnaire qui ne cache pas sa déception : "*...J'ai reçu le buste de sa Majesté par Mlle Collot, dans quel état il m'est parvenu ! La noblesse et les charmes de la personne sont restés, mais toute la finesse de l'ébauchoir a disparu et il n'en est pas et n'en sera pas moins digne de toute ma vénération. Il est placé sur un piédestal au centre de la bibliothèque...*".[2]

Les amis jouent décidément de malchance : "*...Savez vous mon ami* écrit-il à Falconet *ce qui est arrivé à ces beaux plâtres, à ces morceaux si précieux que vous avez si soigneusement emballés ? C'est que malgré les doubles caisses, malgré la filasse et la mousse, l'eau a pénétré et presque tout est détruit. Il n'en reste que le masque de l'ours et la petite fille russe d'intacts...Malgré toutes les précautions que vous avez prises, l'eau de mer a pénétré dans l'intérieur des caisses et à fait sur les plâtres qu'elles contenaient, l'effet que l'eau de pluie fait sur les bustes qui y sont exposés 8 ou 10 ans...*".[3]

---
[1] Lettre de Diderot à Falconet. 6 sept. 1768 p. 869.
[2] Lettre de Diderot à Falconet. Mai 1768 p. 821.
[3] Lettre de Diderot à Falconet. 30 mars 1769 p. 939.

Les envois suivants semblent être parvenus en meilleur état : "*...J'ai reçu les derniers plâtres de Mlle Collot, je les ai montrés aux gens de l'art qui en sont infiniment satisfaits. On les trouve assez bien pour en faire un éloge dont je ne m'affligerais pas à sa place, tout injuste qu'il soit. On ne saurait mieux louer le pouce de l'élève qu'en le prenant pour le pouce du maître.*

Lorsqu'ils ont eu subi l'éloge ou la censure des maîtres, je les ai distribué dans les cabinets et les ateliers où l'on s'est fait un vrai plaisir de les recevoir. Continuez belle amie, faites si bien qu'on en vienne à vous priver tout à fait du mérite de votre talent en faisant honneur à votre ami...".[1]

Le compliment est un peu gros...et quelque peu empoisonné !

Le 20 mars 1771, Diderot accuse réception d'un nouvel envoi ; cette fois son enthousiasme est sans réserve ! Il écrit : "*...J'ai reçu les derniers plâtres que vous m'avez envoyés. Je vous en remercie tous les deux et vous transmet non mon éloge dont vous ne feriez pas grand cas, mais celui des maîtres de l'art qui me les ont enlevés. Ordinairement, on ne sollicite pas, on n'enlève pas, on ne suspend pas dans mon atelier des choses qu'on n'estime pas. Mlle Collot a son clou chez Lemoyne, chez Guyard, chez Houdon...*".[2]

---

[1] Lettre de Diderot à Falconet. 29 déc 1770 p. 1053.
[2] Lettre de Diderot à Falconet. 20 mars 1771 p. 1063.

Conseils de Diderot à ses amis

Si sa connaissance des faiblesses humaines et son absence de préjugés font de Diderot un témoin indulgent à toutes les passions, son imagination débordante le conduit parfois à des excès de langage souvent regrettables.

Il imagine volontiers que la longue cohabitation entre Falconet et son élève a tout naturellement modifié la nature de leur relation et se fait le chantre de leur romance.

Il sera tour à tour leur guide, leur conseiller et se propose comme confident : "...*personne ne sait mieux que vous à quelles conditions vous pouvez être heureux. Venez donc tous me l'apprendre, venez vous en expliquer avec moi, ne craignez point de me déplaire, je vous écouterai avec indulgence et jure que votre franchise n'aura aucune conséquence fâcheuse pour vous...*

...rendez vos amusements communs, ayez vos âmes ouvertes l'un à l'autre, pensez tout haut, soyez plus jaloux de vous connaître que de vous estimer, montrez vous mal, plutôt que mieux que vous n'êtes, ne vous épargnez pas la vérité. Vous aurez fait tout le chemin que j'exige, lorsque vous avouerez tout sans rougir.

L'histoire fidèle de vos cœurs sera toujours assez belle sans qu'il soit besoin d'en altérer la vérité. Vos petits défauts privés, vous déplairont moins, vous prendrez plus de confiance réciproque dans vos bonnes qualités. Vous ne pourrez plus vous offenser de la diversité de vos goûts ; ils deviendront même un fond de plaisanterie utile et douce. Les points sur lesquels chacun de vous prétend être libre vous seront connus et vous trouverez que la vie cénobitique à laquelle vous êtes condamnés peut aussi avoir ses délices...".[1]

Un peu plus loin, changeant de ton, il s'échauffe et menace son ami : "*...Si vous ne faites pas le bonheur de cette enfant qui vous a suivi au diable et que je l'apprenne, prenez y garde. Je ne vous le pardonnerais de ma vie. J'ai pensé me faire cent querelles pour avoir osé soutenir que vous n'étiez pas son époux. Ils le voulaient tous, ils en étaient tous sûrs. Vous n'êtes point mariés. Eh bien ! tant pis pour vous mon ami, car je connais bien la seule femme que vous eussiez épousée. Il y a deux ans qu'on vous croit époux et il y a deux ans que je répond que je le saurais...*".[2]

On ne connaît pas les réponses de Falconet qui restera toujours inflexible aux injonctions de son ami. Mais il en faut davantage pour décourager Diderot, qui revient à la charge pour une ultime tentative : "*...je ne serai pas content que je ne sois allé à St-Pétersbourg vous voir, m'établir à côté de vous et vérifier mon roman...*".[3]

Cette longue cohabitation entre Falconet et son élève a scandalisé nombre de leurs concitoyens et défrayé la chronique de l'époque. Si le sculpteur et sa jeune élève ne sont pas mariés, ils sont quelques-uns à les penser amants.

Le chroniqueur Fortia de Piles dans son ouvrage *Voyage de deux Français au nord de l'Europe*, n'hésite pas à affirmer que la tête du héros du monument de Pierre le Grand n'est pas de Falconet, mais de Mlle Collot sa maîtresse.[4]

S'il ne fait aucun doute que M.-A. Collot a éprouvé pour son maître un sentiment qui dépasse largement le

---

[1] Lettre de Diderot à Falconet. 6 sept. 1768 p. 859 - 860.
[2] Lettre de Diderot à Falconet. Mai 1768 p. 827.
[3] Lettre de Diderot à Falconet. 30 mai 1773 p. 1177.
[4] Fortia de Piles de Boisgelin. *Voyage de deux Français au nord de l'Europe.* 5V Paris 1796 TIII p. 193.

stade de l'admiration et de la reconnaissance, sa discrétion et sa très grande réserve n'ont jamais autorisé que des suppositions.

Quant au sculpteur, n'en déplaise à son ami Diderot, il ne s'est jamais départi de son attitude protectrice et paternelle.

On peut constater à travers sa correspondance le profond respect qu'il a toujours témoigné à la jeune femme. A aucun moment il ne s'est laissé aller à des écarts de langage et rien ne permet de supposer qu'il y ait eu entre eux autre chose que des sentiments platoniques.

*

Nous sommes en 1771. Cela va faire bientôt cinq ans que Falconet et son élève sont arrivés en Russie et le mal du pays commence à se faire sentir.

Si le sculpteur, retenu par la fonte de son monument, ne peut envisager de s'absenter, M.-A. Collot, prétextant des problèmes de famille, pense sérieusement à partir.

La mort dans l'âme, Falconet est chargé d'annoncer la nouvelle à l'impératrice et de négocier les conditions du voyage. Il prie cette dernière de bien vouloir continuer à verser des gages à son élève pendant la durée de son séjour à Paris.

Puis quelques jours plus tard avec un soulagement qu'il ne songe pas à dissimuler, il informe la souveraine que "...*selon les lettres que Mlle Collot vient de recevoir de sa famille elle n'ira pas à Paris cette année ; je voudrais qu'elle ne fut point obligée d'y aller l'autre...*".[1]

A Paris où on avait déjà annoncé la nouvelle de sa venue, on ne cache pas sa déception : "...*nous nous*

---

[1] Lettre de Falconet à Catherine II. 1er juin 1771 p. 152.

faisons tous une fête de la voir et ce n'est pas sans peine que notre espérance a été trompée..." écrit Diderot.[1]

L'incident est clos ; nous ne connaîtrons pas les véritables raisons de l'annulation du voyage, qui n'aura lieu que quatre ans plus tard en 1775. Nous ne connaîtrons pas davantage les sentiments de la principale intéressée sur ce fâcheux contretemps

Pour M.-A. Collot, il convient de se remettre sans plus attendre au travail.

Une nouvelle commande de l'impératrice arrivée fort opportunément est confirmée le 17 novembre par une lettre de Falconet. : "*...Mlle Collot a reçu les ordres de votre Majesté Impériale pour le médaillon en marbre de M. le comte Orloff. Il faut non seulement que ce médaillon représente M. le comte mais qu'il caractérise, l'acte à jamais grand, humain et mémorable qu'il vient de faire...*".[2]

Catherine II entend par cette commande donner un caractère officiel et commémoratif à l'action héroïque de son favori, qui avait lui-même sollicité comme une faveur de se rendre à Moscou, afin de prendre les mesures d'urgence pour enrayer l'épidémie de peste qui décimait la population.

Le 20 novembre Falconet informe l'impératrice que M.-A. Collot a commencé l'étude du médaillon et qu'elle aurait besoin de quelques séances de pose, dès le retour du modèle, pour parachever son œuvre.

Le portrait sera terminé en mai de l'année suivante, mais la souveraine attendra encore jusqu'au 31 octobre pour dire toute sa satisfaction au sculpteur...

Les lettres de Catherine II à Falconet se font plus rares et se limitent désormais à l'essentiel. On est loin du style

---

[1] Lettre de Diderot à Falconet. 21 août 1771 p 1080.
[2] Lettre de Falconet à Catherine II. 17 nov 1771 p. 170.

amical et chaleureux des premières années. Celles de Falconet paraissent plus guindées ; le ton en est plus officiel. L'impératrice est agacée par les plaintes et les récriminations perpétuelles du sculpteur et le lui dit tout net : "...*faites une armistice avec vos ennemis, comme moi avec le Sultan suivez mon exemple...*".[1]

La lune de miel entre Falconet et l'impératrice est bel est bien terminée et M.-A. Collot, dont la vie professionnelle est si étroitement liée à celle du maître, qui est aussi son intermédiaire et son porte-parole, subit les retombées des humeurs de la souveraine, les commandes se font plus rares...

L'impératrice est manifestement lasse des problèmes de Falconet ; elle a d'autres préoccupations et entend bien prendre ses distances. Elle n'est pas autrement troublée par le discret rappel du sculpteur à propos du règlement du médaillon du comte Orloff terminé l'année précédente et qui n'a pas encore été payé à Mlle Collot.

Le buste de Diderot fini début janvier ne mobilise pas davantage son attention et il faudra toute l'habileté et toute l'obstination du sculpteur pour la décider à sortir de sa réserve pour une visite qui aura lieu dans les premiers jours d'avril.

En l'absence de nouvelles commandes M.-A. Collot exécute le buste d'un jeune inconnu, qu'elle souhaite soumettre à l'appréciation de l'impératrice : "...*serait-il possible qu'elle puisse reprendre en même temps le buste du sculpteur, afin d'y apporter quelques retouches s'il en était besoin...*".[2]

La requête aussitôt transmise reçoit sans tarder la réponse : "...*par exemple suggère la souveraine si mardi, Mlle Collot pendant l'après dîner, faisait apporter dans*

---

[1] Lettre de Catherine II à Falconet. 6 juin 1772 p. 179.
[2] Lettre de Falconet à Catherine II. 3 avril 1773 p. 200.

ma salle son jeune homme je le verrais avec plaisir et quand je serai partie à la campagne, chose qui s'effectuera mercredi après midi, vous auriez tout le temps d'emporter votre buste, pour que pendant l'été Mlle Collot le caressât de nouveau...".[1]

On retrouve bien là ses scrupules et son sens de la perfection !

---

[1] Lettre de Catherine II à Falconet. 8 avril 1773 p. 200 - 201.

Arrivée de Pierre Falconet à St-Pétersbourg

Ce début d'année 1733 est décidément bien maussade pour les deux sculpteurs, condamnés par les humeurs de l'impératrice à une oisiveté toute relative. Ils ne savent pas encore que cette année, qui va leur réserver bien des surprises, porte déjà les prémices des plus grands bouleversements.

La première est l'arrivée inopinée de Pierre Falconet, le propre fils du sculpteur. Falconet en annonce la nouvelle à l'impératrice dans une lettre datée du 20 août 1773 : "*...Il pleut des Falconet à St-Pétersbourg, ne voilà-t-il pas ,qu'hier, mon fils est arrivé de Londres sans dire gare, sans m'avertir, sans m'écrire ; il a apporté de ses ouvrages, le tout est encore sur le vaisseau. Je verrai ce que c'est et quel est son talent...[1]*".

Etait-ce vraiment une surprise ? En réalité cette visite avait été préméditée de longue date par Pierre Falconet, lorsque déjà en décembre 1770, soucieux de rétablir les relations avec son père, il sondait Diderot qui transmettait aussitôt le message à son ami."*...mon ami, j'ai causé avec ton fils...il ne se refuserait pas un voyage à St-Pétersbourg s'il pouvait se promettre que tu trouvasses à l'embrasser, la moindre partie du plaisir qu'il aurait à se retrouver dans tes bras. Il ne fera cependant rien sans ton aveu, je lui ai promis que je t'en parlerais et que je lui enverrai mot à mot ta réponse...[2]*".

---

[1] Lettre de Falconet à Catherine II. 20 août 1773 p. 213.
[2] Lettre de Diderot à Falconet. 29 décembre 1770 p. 1053.

Nous ignorons s'il y eut une réponse et auquel cas quel fut son contenu, mais nous savons, grâce à la correspondance du philosophe, que Pierre Falconet qui ne s'entendait pas avec son père s'était enfui du domicile paternel. Sa fugue devait le conduire en Angleterre où son père avait quelques relations. Il y devint l'élève de Reynolds et s'initia à la gravure auprès de John Ingram. Il y connaîtra une certaine notoriété, grâce à ses talents de dessinateur portraitiste[1].

Cette visite est en quelque sorte un ballon d'essai. Dans l'incertitude de l'accueil qui va lui être réservé, Pierre Falconet veut d'abord sonder les sentiments de son père et connaître les intentions qu'il nourrit à son égard. S'il espère bénéficier de sa célébrité pour recueillir quelques commandes, son installation garde un caractère provisoire.

Tout à la joie de ces retrouvailles, Falconet est tout disposé à passer l'éponge; il veut oublier leurs divisions, les déceptions et les erreurs passées. Il est prêt à accorder sa confiance à ce fils qu'il imagine différent et le recommande chaudement à l'impératrice, qui accepte de lui donner une chance et à titre d'essai lui commande un portrait de M.-A. Collot.

Le sculpteur est aux anges. : "...*ni lui, ni moi n'aurions jamais imaginé que son voyage lui eut valu un tel honneur et, s'il réussi au gré de votre majesté, ce sera pour lui la cause d'un avenir heureux...Je suis avec le plus profond respect et la plus parfaite reconnaissance (car après tout un père est sensible au bonheur de son fils)...*[2]".

L'affaire est rondement menée puisque le 16 septembre, moins d'un mois après l'arrivée de son fils, Falconet annonce à l'impératrice : "...*le portrait de Melle Collot que votre majesté impériale a désiré que mon fils*

---

[1] Denis Roche, le fils de Falconet. *La Renaissance de l'Art Français*. 1920 p. 240 à 249.
[2] Lettre de Falconet à Catherine II. 19 sept. 1773 p. 221.

peignit est fait. Le porterai je demain ou après demain ? Car aujourd'hui cela ne se pourrait guère, puisqu'il n'est pas assez sec...[1]".

Ce tableau commandé par Catherine II à Pierre Falconet appartient au musée de Nancy auquel il a été légué par la baronne de Jankowitz. M.-A. Collot y est représentée à mi-corps et de trois quarts dans un cadre ovale. Le visage est agréable, l'air pensif et le maintien distingué du modèle donnent à l'ensemble un très grand charme.

L'impératrice -satisfaite du travail du peintre- commande sur-le-champ son portrait et ceux du grand-duc et de la grande-duchesse.

Enfin rassuré sur ses perspectives de travail et les intentions de son père, Pierre Falconet envisage de retourner à Londres pour y liquider ses affaires. Outre sa maison et peut-être des attaches conjugales sur lesquelles il reste très discret, il a laissé là-bas une affaire de gravure.

Son voyage sera de courte durée; parti probablement dans les premiers jours de janvier 1774, il était de retour à St-Pétersbourg le 5 mai suivant.

*

Le grand événement à la cour de Russie en cette année 1773 est le mariage du grand-duc héritier Paul Petrovitch avec une princesse allemande.

La venue au palais de Tsarskoïe Selo le 15 juin de la landgrave de Hesse Darmstadt accompagnée de ses trois filles marque le début des festivités. Le grand-duc doit choisir parmi les trois sœurs celle qui deviendra son épouse. L'heureuse élue, la princesse Wilhelmine, prendra en se mariant le nom de Nathalia Alexïevna.

---

[1] Lettre de Falconet à Catherine II. 16 sept 1773 p. 220.

La landgrave de Hesse est une grande amie de Grimm qui est aussi son compatriote. C'est probablement par son intermédiaire qu'elle est introduite auprès de Falconet.

L'atelier du sculpteur est le lieu de passage obligé ; il convient en effet à tous les visiteurs proches de la cour d'avoir vu et admiré le déjà célèbre monument de Pierre le Grand.

La visite a lieu le 4 août : "...*S. A. Madame La Landgrave, doit venir aujourd'hui voir la statue...*". L'occasion est trop bonne pour le sculpteur qui entrevoit l'opportunité de nouvelles commandes pour sa protégée et dirige adroitement la visiteuse vers les œuvres de Mlle Collot. La démarche s'avère judicieuse ; Falconet, anticipant les vœux de la landgrave, donne le coup de pouce nécessaire à la réalisation de son projet lorsqu'il écrit le 2 septembre à l'impératrice :"*...S. A. Mme La Landgrave qui a paru contente de la statue équestre, l'a été aussi de l'ouvrage que Mlle Collot lui a montré.*

Cette princesse lui a même donné un signe d'approbation fort encourageant, en lui disant qu'elle comptait avoir bientôt de sa façon, le buste de Monseigneur le Grand-Duc et celui de Mme la Grande-Duchesse.

C'était après avoir fait le buste de votre Majesté l'ouvrage que notre artiste pouvait souhaiter de plus honorable et celui qu'elle souhaitait depuis longtemps, du moins pour le buste de son Altesse Impériale. Il ne faut plus que l'approbation et la bénédiction de votre Majesté, pour que ces deux portraits soient mis au rang des meilleurs productions de Mlle Collot, qui va s'évertuer à faire des études relatives au succès de l'ouvrage...[1]".

Falconet a tout lieu de se féliciter du succès de son intervention. L'impératrice accorde volontiers sa

---

[1] Lettre de Falconet à Catherine II. 2 sept 1773 p. 219.

bénédiction et commande à M.-A. Collot les portraits en bustes et en médaillons.

Les médaillons sont rapidement mis en œuvre ; tout va très vite ; le 19 septembre le sculpteur informe la souveraine que "*dès que le portrait de la Grande-duchesse aura été terminé et nettoyé il pourra lui être porté*"[1].

Il semble qu'elle ait eu quelques difficultés avec la tenue du grand-duc, ce qui l'oblige à improviser. Le 20 octobre Falconet annonce à son auguste correspondante que"...*Mlle Collot a mis une cuirasse au portrait de S. A. Impériale, mais afin de montrer plus promptement le médaillon à votre Majesté elle n'a point fait cette cuirasse d'après le naturel qu'elle n'avait pas...*"[2].

---

[1] Lettre de Falconet à Catherine II. 19 sept 1773 p. 222.
[2] Lettre de Falconet à Catherine II. 10 octobre 1773 p. 225.

Visite de Diderot à Catherine II

La venue de Diderot à St-Pétersbourg début septembre marque une parenthèse malheureuse dans la vie de ses amis.

Répondant à une invitation de l'impératrice, le philosophe qui est parti le 21 mai de Paris, doit retrouver à La Haye chez le prince Galitzine son futur compagnon de voyage le prince Narychkine.

Cette seconde partie du voyage sera très éprouvante pour les deux voyageurs pressés d'arriver à temps pour assister aux festivités du mariage princier. Diderot sera privé de ces réjouissances par une malencontreuse indisposition qui l'obligera à garder la chambre.

Une déception plus grande encore va lui être réservée ; alors qu'il s'attendait à être reçu à bras ouverts par son ami, ce dernier, invoquant un manque de place dû à la présence de son fils, s'excuse de ne pouvoir lui offrir l'hospitalité.

"*La lettre que mon père écrivit à ma mère sur la réception de Falconet fut déchirante*"[1], raconte Mme de Vandeul.

Le philosophe essaiera pourtant de minimiser l'importance de cette déception qui lui brise le cœur[2]. Mortifié, il sera recueilli par son compagnon de voyage, mais il ne pourra pardonner à son ami ce qu'il considère comme une trahison.

---
[1] Lettre de Diderot à sa femme. 9 octobre 1773 p. 1190 - 1191.
[2] Lettre de Diderot à sa femme. 30 décembre 1773 p. 1208.

Cet épisode sonnera le glas de leur longue amitié ; le philosophe rendra encore visite à ses amis dans l'atelier de la place du Sénat mais le cœur n'y sera plus.

La chaleureuse réception de l'impératrice et les longs tête-à-tête au palais ne suffiront pas à effacer son amertume.

Déçu, très éprouvé par les rigueurs du climat, c'est sans regrets qu'il reprendra le chemin du retour le 5 mars 1774.

Diderot ne s'est guère étendu dans sa correspondance sur ce regrettable malentendu et nous ne saurons jamais ce que les deux amis ont pu s'écrire après ce décevant voyage, puisque Mme de Jankowitz héritière du sculpteur a détruit cette partie de leur correspondance où, chacun faisant état de ses griefs, ils en étaient venus à régler leurs comptes...

Falconet et son fils

Falconet a terminé son cavalier, mais n'a toujours pas de fondeur ; il devra attendre ainsi près de deux ans et demi avant de se résoudre à réaliser lui-même cette ultime opération. Il a donc tout loisir pour se consacrer à son fils qu'il n'a pas revu depuis de longues années et en père attentif entend bien veiller sur ses intérêts comme il a veillé sur ceux de son élève.

L'attente à laquelle il est astreint, jointe aux tracasseries en tous genres du général Betzki a quelque peu altéré son humeur ; il n'a pas l'âme d'un courtisan et ses nombreuses maladresses précipitent l'effritement de son crédit auprès de l'impératrice.

Pierre Falconet, qui vient juste de terminer le portrait de M.-A. Collot, semble pressé de commencer celui de la souveraine dont il sollicite avec insistance des séances de pose. Par l'intermédiaire de son père, il réclame les accessoires qui lui sont indispensables, comme le fauteuil impérial avec son coussin et l'ordre de St- André pour lequel on suggère la collaboration de Diderot...qui pourrait peut-être se charger de l'apporter à l'atelier...

Irritée par ces demandes incessantes, Catherine II fait répondre que "...*le peintre a maintenant tout ce qu'il faut pour commencer son portrait*"[1].

Négligeant l'avertissement, le sculpteur revient à la charge et se voit opposer une fin de non-recevoir sans équivoque : "...*pour ce qui est de votre fils, il sera difficile*

---

[1] Lettre de Catherine II à Falconet. 6 décembre 1773 p. 230.

qu'il travaille céans, primo, parce que dans les chaleurs, c'est très pénible pour lui et pour celui qui se fait peindre, secundo, parce qu'il n'y a pas ici de coin vide pour un atelier de cette nature..."[1].

On ne peut être plus directe !

Assouplissant sa position, Falconet change de ton ; il implore comme une faveur, mais sans plus de succès "... *si votre Majesté veut bien m'indiquer un jour où je ne l'incommoderais pas j'irais lui parler de son portrait et des médaillons de leurs Altesses Impériales...*"[2].

En dépit de ces regrettables incidents, Pierre Falconet a mis une touche finale au portrait de l'impératrice ; fort de son expérience, il semble avoir montré plus de discrétion dans ses demandes pour l'exécution de ceux du grand-duc et de la grande-duchesse qui sont eux aussi terminés ; il n'attend plus que le règlement de ses honoraires.

A l'aune de sa valeur qu'il a tendance à surestimer, il a fixé pour les trois tableaux un prix jugé exorbitant par la souveraine excédée, qui refuse tout net de le payer.

Ce litige, qui ne sera jamais résolu, finira d'empoisonner les relations entre Catherine II et son sculpteur.

*

L'attitude de Pierre Falconet a probablement porté le coup de grâce à son père, dans l'esprit de l'impératrice.

M.-A. Collot voit disparaître l'espoir de nouvelles commandes ; le moment est venu pour elle de concrétiser son projet de voyage, si souvent repoussé. La situation a bien changé depuis 1771.

---

[1] Lettre de Catherine II à Falconet. 21 mai 1774 p. 240.
[2] Lettre de Falconet à Catherine II. 22 février 1774 p. 234.

C'est encore Falconet qui est chargé de transmettre la nouvelle à la souveraine, mais il n'est plus question cette fois de solliciter pour l'intéressée le moindre privilège "...*Mlle Collot compte aller au premier beau temps, passer un an à Paris pour y vaquer à des affaires de famille...*"[1].

Le départ aura lieu vraisemblablement dans le courant du mois d'août 1775. Pierre Falconet, qui sent le vent tourner, veut profiter de l'opportunité pour l'accompagner. Il semble que le sculpteur ait encouragé ce rapprochement entre les deux jeunes gens ; peut-être était-il l'instigateur de ce voyage et comptait-il par ce biais attacher définitivement la jeune femme à sa famille.

S'il est probable que M.-A. Collot avait eu l'occasion de rencontrer Pierre Falconet dans l'atelier de son père au cours de son apprentissage, nous ignorons tout de leurs sentiments respectifs. Ce voyage était-il destiné à les rapprocher ? M.-A. Collot a-t-elle vécu avec son compagnon rue d'Anjou ? A-t-elle eu des contacts avec sa famille ? Autant de questions auxquelles il paraît difficile d'apporter des réponses.

Cette année vécue à Paris présente de nombreuses zones d'ombre dans la vie de l'intéressée.

Une lettre de Diderot à son ami Grimm resté à St-Pétersbourg nous apprend cependant qu'il a souvent vu la jeune femme au cours de son séjour et qu'elle a réalisé là-bas "...*deux bustes qui attestent de son savoir faire*"[2], œuvres sur lesquelles il ne donne malheureusement pas la moindre information.

Ce travail est implicitement confirmé par Falconet dans le compte rendu fait à l'impératrice au retour de son fils et de son élève dans les premiers jours de juillet 1776. "...*permettez que je mette aux pieds de votre Majesté*

---

[1] Lettre de Falconet à Catherine II. 8 mars 1775 p. 249.
[2] Lettre de Diderot à Grimm. Sept. 1776 p. 1276.

Impériale ce que j'ai appris du séjour de Mlle Collot à Paris. Permettez qu'elle vous en fasse le plus respectueux hommage. C'est à votre protection, à vos bontés encourageantes, qu'elle doit les éloges qu'on a bien voulu lui accorder, dans un pays où l'on avait fait croire que je travaillais à ses ouvrages. Ils l'ont vu modeler et ils ont cru. Les meilleurs de nos artistes et nos meilleurs connaisseurs en ont dit et écrit les choses les plus flatteuses...". On remarquera au passage qu'il n'est plus question de son fils...[1]

Quelques indices permettent de penser que M.-A. Collot a tenté de mettre à profit son séjour à Paris pour sonder ses chances de candidature à l'Académie royale. A son retour à St-Pétersbourg, elle prie le peintre Roslin d'être son intermédiaire auprès de Jean-Baptiste Pierre, directeur de l'Académie, afin de lui transmettre ses remerciements. Il écrit: "...*Mlle Collot qui est pénétrée de toutes les honnêtetés que vous avez eu la bonté de lui faire pendant son séjour à Paris me charge de la rappeler dans votre souvenir et vous témoigner combien elle est sensible et reconnaissante à vos procédés...*"[2].

Il est également question dans cette lettre d'un ouvrage dont on ne la soupçonne pas capable, n'étant pas du ressort des études qu'elle avait faites jusqu'ici. M. Roslin ajoute qu'il lui est défendu d'en dire davantage ; nous ne pouvons que regretter sa trop grande discrétion.

La clé de ce mystère nous est donnée par Falconet luimême dans une lettre adressée à l'impératrice le 4 octobre 1776 : "...*votre Majesté sait qu'il est d'usage de conserver un petit modèle, d'une statue équestre pour en faire de petits bronzes...Mlle Collot s'est occupée depuis bien*

---

[1] Lettre de Falconet à Catherine II. 10 juillet 1776 p. 257.
[2] Lettre de Roslin à Jean Baptiste Pierre directeur de l'Académie royale. 22 novembre 1776.
Nouvelles Archives de l'Art Français. 1878 T VI 1ère série p. 131-132.

longtemps à faire des études relatives à cet objet qu'elle va commencer incessamment. J'aurais voulu faire moi même ce modèle, si ma vue me permettait de modeler encore en petit, mais Mlle Collot qui connaît parfaitement mon ouvrage, qui en a suivi toutes les opérations, qui travaillera sous mes ordres, s'en acquittera ou je me serai fort trompé avec succès..."[1].

Une réduction de la statue était placée au milieu de la salle blanche du palais de Peterhof. Un autre exemplaire en bronze aurait été offert au XIX ème siècle par la communauté russe de La Haye au roi Guillaume et se trouve au château royal de Loo. Nous ignorons s'il s'agit de reproductions du petit modèle réalisé par M.-A. Collot.

C'est probablement le dernier ouvrage exécuté en Russie par cette artiste après les bustes du grand-duc et de la grande-duchesse.

---

[1] Lettre de Falconet à Catherine II. 4 octobre 1776 p. 258.

Mariage de Pierre Falconet et M.-A. Collot

Falconet s'est enfermé dans son atelier, où il a commencé la fonte de son cavalier qui canalise toute son énergie. Il sait que cette ultime étape va définitivement clore son séjour en Russie.

Il a peu de rapports avec l'extérieur et moins encore avec la cour ; dans les deux lettres qu'il écrit à l'impératrice en juillet et en septembre, il ne souffle mot de son fils et hasarde tout juste un discret rappel sur les deux bustes en marbre du grand-duc et de feu la grande-duchesse qui n'ont pas encore été payés à Mlle Collot.

Il n'y aura qu'un seul courrier pour l'année 1777 et une dernière lettre en 1778 pour annoncer son départ de Russie.

Pierre Falconet a abandonné tout espoir d'obtenir le règlement de ses tableaux ; il a cependant de bonnes raisons pour prolonger son séjour à St-Pétersbourg ; le projet de mariage, longuement mûri, avec la protégée de son père, est en train de se concrétiser.

Si le récent voyage à Paris et leur cohabitation rue de la petite Millionne ont à n'en pas douter contribué à rapprocher les deux jeunes gens, il n'aura pas fallu moins de trois ans à Pierre Falconet pour vaincre les réticences de sa future épouse. On comprend d'autant mieux l'hésitation de la jeune femme à la description du prétendant donnée par un jeune attaché d'ambassade, peu avant le mariage. "*...J'ai vu pour la seconde fois*, écrit M. de Corberon, *Falconet fils, c'est un anglomane décidé, cela m'a prévenu en sa faveur et il en a grand besoin, car* *son extérieur est si ordinaire qu'on le prendrait pour un imbécile. Il y a des gens qui lui accordent gratuitement ce titre...*"[1].

Lui-même ne s'est guère avantagé dans son unique autoportrait et on ne peut s'empêcher de comparer, comme a dû le faire M.-A. Collot en exécutant le buste de son futur époux, le physique ingrat, le visage osseux aux joues creuses, au nez proéminent, au regard morne, totalement dénué de charme, à la physionomie pétillante d'intelligence et d'ironie de son père.

Le contrat de mariage signé le 27 juillet 1777 trahit l'absence de confiance de la jeune femme envers son futur époux. Elle entend protéger les biens acquis au cours de ces dix dernières années au service de l'impératrice.

Multipliant les précautions à l'encontre de ce fiancé dont elle a toutes raisons de se méfier et afin qu'il ne puisse s'approprier sa fortune personnelle estimée le double de la sienne, elle prend soin de faire stipuler dans son contrat "*...qu'il n'y aura point de communauté entre les futurs époux, qu'ils ne seront par conséquent point tenus des dettes et hypothèques l'un de l'autre, que la future épouse conservera en ses mains et aura la pleine et libre administration et disposition des billets, obligations et effets mobiliers qui lui appartiennent ainsi que la pleine jouissance de tous les revenus échus et à échoir des immeubles qui lui appartiennent actuellement et de ceux qui pourraient lui appartenir par la suite...*

S'il arrivait une dissolution du mariage de quelque manière que ce fut, les deux époux reprendront chacun leur propriété..."[2].

---

[1] Journal intime du Chevalier de Corberon. T II p. 90.
[2] Contrat de mariage de M.-A.. Collot. Minutes de M Péan de St Gilles. Etude de M Cremery Archives Nationales. CXI 1273. *Bulletin de la société de l'histoire de l'Art Français* 1918-19 p. 157 à 161.

La cérémonie aura lieu le mardi 29 juillet dans la chapelle de l'ambassade de France. L'impression générale n'est guère favorable aux jeunes époux. Cette union où l'amour semble tenir si peu de place choque, les rumeurs les plus folles circulent sur la famille Falconet.

On dit que Pierre Falconet, déjà marié à Londres, abandonne sa femme pour un parti plus avantageux, le sculpteur lui-même est soupçonné d'avoir favorisé cette union pour donner une position à celle que certains considèrent comme sa maîtresse, faisant d'elle sa complice et de son fils un mari berné, à moins qu'averti il n'ait été consentant.

Cette hypothèse malveillante ne repose sur aucun fondement sérieux. On ne voit guère l'intérêt de M.-A. Collot dans ce mariage ; à 29 ans elle est au sommet de sa carrière et sa fortune est très largement supérieure à celle de son futur époux. Le portrait que nous avons d'elle, œuvre de Pierre Falconet, nous montre une jeune femme charmante et distinguée au maintien réservé, qui n'a rien d'une aventurière.

Ces suppositions font injure à son intégrité sur laquelle tous ceux qui l'ont approchée, du général Betzki faisant à Diderot *"son hommage le plus franc"* à Grimm vantant *"sa vérité de caractère et son honnêteté de mœurs"* et Diderot signalant « *...les mœurs les plus honnêtes et les plus pures..* »[1], ont porté témoignage.

De même la personnalité de Falconet connu pour son austérité janséniste, sa rigueur et sa loyauté est en elle-même un démenti à ses allégations. On doit tenir compte cependant des liens affectifs qui les unissent et de leur longue collaboration. Il est certain que pour M.-A. Collot son attachement à celui qui fut son maître a pesé plus

---

[1] Lettre de Diderot au général Betzki. 28 - 31 août 1766 p. 688 - 689.

lourd dans sa décision que ses sentiments pour son futur époux.

De son côté on pourrait reprocher au sculpteur d'avoir volontairement occulté la personnalité trouble de son fils, pour ne retenir que l'idée de la concrétisation de leurs liens familiaux. Pierre Falconet semble être le seul à tirer un bénéfice de la situation ; sa fortune, plutôt modeste, et son manque d'ambition, une paresse naturelle et un goût prononcé pour les plaisirs faciles laissent planer un doute sur son désintéressement.

Un jugement lapidaire et clairvoyant porté par la baronne de Jankowitz qui ne s'y était pas trompée, figurant sur une lithographie du monument de Pierre le Grand d'après un dessin de son père, conservé au cabinet des Estampes de la bibliothèque nationale résume en quelques lignes la personnalité de l'auteur : "*...Pierre Etienne Falconet avait dans sa jeunesse un talent qui lui préparait des succès, mais héritier certain, d'une fortune qui suffisait à ses désirs, il ne cultiva la peinture qu'en amateur...*"[1].

On ne peut s'empêcher de penser que ce mariage arrangeait bien ses affaires !

Curieusement tous les documents officiels le concernant, de son retour en France à son décès à Paris en 1791, porteront la mention de rentier...

Cette union aura comme on le verra plus tard des conséquences désastreuses pour la vie et la carrière de la principale intéressée.

---

[1] MSSNA Fr 24983 Fonds Falconet Jankowitz publié en 1821. Imp. Lith. De C. Mothe rue des Marais, FSG.

Départ de Falconet et de son fils

Falconet est arrivé au terme de son contrat ; son travail est fini ; il vient juste d'achever le polissage et la patine de son monument et attend pour partir le règlement de ses honoraires de fondeur.

Poursuivi par l'hostilité et la vindicte du général Betzki, il attend vainement un geste amical de sa protectrice.

La grossesse de M.-A. Collot va retarder le départ de la famille Falconet. Une petite fille, Marie-Lucie Falconet naît à St-Pétersbourg le 24 avril 1778, presque neuf mois jour pour jour après le mariage de ses parents ; le baptême est célébré dans la chapelle de l'ambassade de France en présence du parrain Etienne Falconet et de la marraine Dame Marie-Claude Rozat.

Pierre Falconet qui ne cache plus son ennui a bien du mal à contenir son impatience. Il n'attendra pas que sa femme et sa fille soient en mesure de l'accompagner et partira seul pour Paris le 15 juillet 1778[1].

Sa hâte a quelque chose de suspect, comme s'il était pressé de reprendre sa liberté et de retrouver ses habitudes de célibataire.

De son côté le sculpteur hésite encore à accepter l'invitation de son ami le prince Galitzine, ambassadeur à la cour de Hollande ; il craint que son ennemi, le général Betzki, profitant de son départ, ne réserve un mauvais sort à sa statue.

---

[1] Archives Nationales CXI 1273.

Il partira finalement pour La Haye en septembre 1778, sans avoir pris congé de l'impératrice.

M.-A. Collot se retrouve seule à St-Pétersbourg avec son bébé pour préparer son départ. Malgré les injonctions répétées de son mari, elle ne veut prendre aucun risque et attendra que sa fille puisse entreprendre sans dommage ce voyage éprouvant.

Partie peu après son beau-père, elle sera à Paris le 20 novembre 1778.

Retour en France de Mme Falconet

Forte de l'impatience témoignée par son mari, Mme Falconet ne se doute pas de l'accueil qui va lui être réservé.

A peine arrivée rue d'Anjou dans la maison que leur a donné son beau-père à l'occasion de leur mariage, elle y reçoit une bien curieuse réception. Invoquant le manque de confiance qu'elle lui avait témoigné, Pierre Falconet annonce froidement à sa jeune épouse qu'il n'a pas l'intention de reprendre la vie commune et qu'il lui a fait préparer un appartement séparé du sien.

On pourrait voir dans ce geste la vengeance d'un mari bafoué ; il semble pourtant que ses motivations aient été plus complexes. A l'évidence l'attaque de Pierre Falconet ressemble plus à une parade, comme s'il avait voulu culpabiliser la jeune femme afin de mieux la manipuler, faisant preuve à cette occasion d'une grande méconnaissance de sa personnalité : une erreur de jugement qui finira par lui coûter très cher...

Mme Falconet est loin d'être aussi docile qu'il l'imagine et l'a maintes fois prouvé ; son apparente fragilité cache en réalité un caractère bien trempé et une volonté déterminée ; elle ne s'en laisse pas facilement conter ! Pour commencer, elle entend bien reprendre la gestion de ses affaires et réclame des comptes à son mari fort embarrassé...

C'est dans son art qu'elle va puiser le courage nécessaire pour affronter cette pénible situation. Grâce à sa réputation, elle obtient peu après son installation à Paris une commande pour le buste du fils du joaillier Godefroy, Charles Godefroy de Villetaneuse, déjà connu sous les traits du *jeune homme au violon* de Chardin[1].

Elle exécute ensuite le portrait de la chevalière d'Eon, aventurier célèbre qui se présente indifféremment sous l'apparence de l'un ou de l'autre sexe et qu'elle a peut-être connu à la cour de Catherine II à l'occasion d'une de ses très nombreuses pérégrinations.

Ce fait est consigné par Bachaumont dans ses mémoires secrets et daté du 27 octobre 1780. Les quelques lignes consacrées au sculpteur sont suivies d'un quatrain, commis par un de ses fervents admirateurs, M. Blin de Sainmore[2] "...*ce marbre où de d'Eon le buste est retracé a deux femmes assure une gloire immortelle et par elle vaincu, l'autre sexe est forcé d'envier à la fois, l'artiste et le modèle...*"[3].

La relation de l'événement et l'hommage appuyé de son admirateur sont des signes qui ne peuvent tromper de la popularité retrouvée de Mme Falconet.

*

Sur les conseils de Falconet, la jeune femme a repris ses démarches auprès de l'Académie royale : "*...Je n'ai plus rien à vous dire, puisque je vois que vous vous conduisez bien et que vous distinguez à présent les personnages que vous rencontrez sur votre chemin...*"[4].

Cependant la pression de son mari est devenue si intolérable pour elle que, malgré la mise en garde de son

---

[1] Charles Cournault, Maurice Etienne Falconet, M.-A.. Collot *Gazette des Beaux-Arts* 1869 TII p. 143.
[2] Poète auteur dramatique.
[3] Mémoires secrets de Bachaumont. 27 octobre 1780 T. XVI p 37.
[4] Lettre de Falconet à sa belle-fille. La Haye. 8 juin 1779 Nouvelles Archives de l'Art Français. 1895
T. XI p. 18 à 23.

beau-père, elle cherche un peu de réconfort auprès de ses amis. (Il lui a écrit en effet :) "*...êtes vous folle avec vos craintes et vos frayeurs pour écrire à la princesse Galitzine ?...*"[1].

Et quand, à contre-cœur, elle lui avoue sa fatigue et son découragement face à une situation qui n'en finit pas de se dégrader, il lui répond : "*...non je ne vous croirai pas, jamais que vous vous écoutez, j'ai trop bien vu le contraire et plus d'une fois j'en ai été fâché. Sans faire la mijaurée vous pourriez cependant prendre soin de votre santé, vous en aurez besoin pour plusieurs raisons particulièrement pour veiller à l'éducation de votre enfant que certainement vous ne négligerez pas...*"[2].

Falconet termine sa lettre par une ultime recommandation que sa malheureuse belle-fille aura bien du mal à suivre : "*....quand vous partirez de Paris ayez et marquez le moins d'humeur qu'il vous sera possible à votre...mari...*"[3].

Mme de Jankowitz, dépositaire de cette correspondance, a manifestement déchiré un morceau de ce document, dans l'intention évidente d'escamoter le mot mari, mais le sens de cette phrase ne permet aucun doute.

Cette recommandation restera sans effet ; il est déjà trop tard pour Mme Falconet à bout de forces et de patience qui s'est résolue à porter un coup fatal à son mari dans une plainte déposée le mercredi 14 juillet 1779 : "*...L'an 1779, le mercredi 14 juillet du matin en l'Hôtel et par devants nous, Gilles Pierre Chenu est comparue, demoiselle Marie-Anne Collot, femme non commune en bien par son contrat de mariage du Sieur Pierre Etienne Falconet, bourgeois de Paris, y demeurant, Rue d'Anjou St Honoré ; laquelle nous a rendu plainte et dit qu'elle a*

---

[1] Ibid.
[2] Ibid.
[3] Ibid.

épousé, ledit Sieur Falconet en l'année 1777, que les premiers temps de ce mariage se sont écoulés assez tranquillement, que son mari parti de St-Pétersbourg le 15 juillet 1777 pour revenir à Paris où elle ne put le suivre parce qu'elle était enceinte. Depuis cette séparation, son mari ne cessa de lui écrire les choses les plus pressantes pour la déterminer à venir le rejoindre le plus tôt possible, lui faisant même des plaintes de ce qu'elle n'était pas revenue avec lui, comme s'il eut ignoré le motif absolu qui l'avait forcée à rester à St-Pétersbourg.

Sitôt que l'enfant dont elle était accouchée fut en état de supporter le voyage, elle revint, arriva à Paris le 20 novembre 1778 et fut très surprise et très affligée du projet de conduite que son mari avait formé. Il avait fait préparer pour elle, un appartement séparé du sien et lui dit qu'il aurait pour elle, tous les égards qu'elle méritait mais qu'il n'habiterait plus avec elle, la seule raison qu'il lui donna, fut qu'en l'épousant elle avait manqué de confiance en lui, parce qu'elle avait désiré qu'il n'y eut point de communauté entre eux.

Le jour même de l'arrivée de la plaignante, son mari lui présenta une personne, en lui disant qu'il espérait qu'elle en ferait son amie. Cette demoiselle paraissait avoir du goût pour les arts et était d'une société agréable, cette liaison lui parut toute simple et les soupçons que la conduite de son mari faisait naître, ne tombaient pas sur elle. La plaignante était persuadée que son mari avait des mœurs et ne se serait jamais doutée, qu'il eut voulu l'associer à son déshonneur, ni mettre sa sensibilité à une pareille épreuve.

Un mois se passa de cette manière, cette demoiselle venait chez la plaignante tous les jours, et excepté quelques familiarités même indécentes qui se prenaient en présence de la plaignante, son mari avait beaucoup d'égards pour elle.

Enfin les soupçons de la plaignante furent confirmés, lorsque, informée du personnage indigne que son mari lui faisait jouer, elle apprit que cette même fille, était connue publiquement pour être entretenue par un abbé, que la liaison de son mari avec cette fille était aussi publique et qu'il était surprenant, qu'elle, plaignante, se prêtât à cette infamie. On l'informa aussi que son mari avait répandu dans leurs connaissances que c'était une convention, faite entre eux, qu'ils avaient fait un mariage d'intérêt et qu'ils étaient convenus de se laisser respectivement toute liberté. La plaignante indignée du rapport de pareils bruits, en fit à l'instant les reproches les plus vifs à son mari, lui présenta le déshonneur de sa dépravation et fit dire à cette fille qu'elle eut jamais à revenir chez elle.

Elle pria ensuite son mari de lui rendre la gestion de ses affaires qu'il avait eue jusqu'alors, comme fondé de sa procuration.

Pour le compte qu'il lui en rendit, il se trouva qu'il avait entièrement dilapidée les revenus de la plaignante depuis qu'il était de retour à Paris et quoiqu'il eut employé dans le compte, toutes choses qu'elle ne devait pas payer formant un objet de 7700 livres, il restait encore 4000 livres qui s'étaient dissipés par suite d'inconduite avec cette fille. Cependant pour engager son mari à vivre mieux avec elle qu'il ne l'avait fait et par amour de la paix, fit remise à son mari de ces 4000 livres. Mais il n'eut pas sitôt obtenu cette remise qu'il lui signifia ne vouloir plus contribuer à l'entretien commun de la maison, ni à celui de son enfant.

Depuis cet instant, il n'y a sorte de mauvais procédés qu'il ne lui ait fait éprouver, déployant un caractère de violence dont elle ne l'aurait pas cru capable. Il l'a injuriée et même frappée sans aucun motif, il a cherché à la détruire par des calomnies atroces, dans l'opinion des personnes honnêtes qui s'intéressent à elle, il a fait furtivement un voyage en Hollande auprès de Monsieur son père, pour le prévenir contre elle, après avoir obtenu d'elle, qu'elle ne lui écrirait pas le désordre de sa maison ; enfin il s'est porté aux menaces les plus affreuses contre elle, comme de lui brûler la cervelle, de ne retarder sa mort que pour lui faire éprouver les plus cruels tourments, de lui ôter même la seule ressource qui puisse la distraire des chagrins qu'il lui cause, en l'empêchant de travailler et de continuer un état qui lui donne quelques considérations, de chasser ceux qui viendraient chez elle, de casser ses ouvrages etc.

Il y a trois semaines, qu'il arriva tout en fureur dans l'appartement de la plaignante et lui ordonna de la manière la plus effrayante de sortir promptement de la maison, parce qu'autrement il ne répondait pas de ce qui pourrait arriver, dans les accès de colère que lui inspirerait sa présence. Les menaces les plus horribles suivirent ce propos, il ne parlait pas moins que de l'empoisonner ou de l'assassiner et elle fut trop heureuse de se retirer dans son cabinet dont elle ferma la porte sur elle pour se soustraire à sa violence. Si les domestiques n'ont pas précisément vu cette scène ; ils l'ont sans doute entendue et elle ne peut douter qu'ils n'en déposent, s'ils sont assignés.

Le projet du mari étant de la faire périr à petit feu, comme il le dit hautement et, ayant tout lieu d'en craindre l'effet, ainsi qu'elle l'éprouve de jour en jour, elle a pris la résolution de s'éloigner de lui, avec d'autant plus de détermination qu'elle a tout lieu de craindre que l'aversion qu'il a pour elle, ne le porte aux dernières extrémités. En conséquence, pour se soustraire à cette affreuse persécution, elle croit devoir se rendre auprès du père de son mari. La princesse Galitzine offre un asile à la plaignante ; elle a prié son mari de consentir qu'elle aille s'y retirer. Alors, il a prétendu qu'elle, plaignante devait lui donner de l'argent. Sur son refus, il a fait une scène qui lui a fait voir combien il était peu délicat sur les moyens d'en obtenir. Il a mis deux fois la main à son épée et sans la Dame Fatin sa parente qui le retenait et la garde de son enfant, qui est accourue à son secours, elle ne sait ce qui serait arrivé.

Il a en outre fait différentes scènes de cette espèce dans lesquelles il l'a traitée de la manière la plus indigne et lui a prodigué les injures les plus grossières en présence de plusieurs personnes respectables, telles que maître Baron ancien notaire maître Heynier ancien substitut et autres et comme elle a le plus grand intérêt à mettre un frein à toutes les scènes de violences, menaces, injures et mauvais procédés de son mari, elle est venue nous rendre la présente plainte..."[1]

Signé M.-A. Collot Chenu

On peut sans peine imaginer l'humiliation et le trouble de la jeune femme à l'exposé de ses démêlés conjugaux. Ces souvenirs qui lui reviennent en mémoire et se mêlent sous le coup de l'émotion peuvent expliquer sa confusion dans la chronologie des événements de sa vie familiale.

En effet Pierre Etienne Falconet n'a pu partir pour Paris le 15 juillet 1777 ainsi qu'elle le déclare dans sa déposition, puisque leur mariage a été célébré quelques jours plus tard le 28 juillet à St-Pétersbourg à l'ambassade de France où il a été enregistré.

Une formalité exigée des étrangers qui quittaient le pays et étaient tenus d'en informer les autorités permet d'établir avec certitude sa date de départ, qui eut lieu en

---

[1] Emile Campredon. *Bulletin de la Société de l'Histoire de l'Art Français*. Octobre 1877
Liasse 878 p. 158 à 161.

réalité l'année suivante le 15 juillet 1778 ; il était donc encore selon toute vraisemblance en Russie à la naissance de sa fille le 24 avril 1778.

Ce document qui lui a été vivement reproché est un précieux témoignage sur les conditions de vie de Mme Falconet après son retour en France. Il permet de mieux comprendre la pauvreté de sa production pour cette période et met en évidence les dérèglements de son mari. Seule face à ses débordements, elle n'avait pas d'autre alternative que de dénoncer ses méfaits afin de mettre un terme à cette douloureuse situation.

Falconet ne cache plus son inquiétude ; la présence auprès du jeune couple de sa cousine Mme Fatin n'a pas modéré les excès de son fils dont il redoute la violence. S'il ignore encore tout de la plainte qui vient d'être déposée à son encontre, il pressent déjà l'imminence du dénouement et se prépare avec la princesse Galitzine à accueillir sa belle-fille et sa petite-fille : « *...faites vos affaires , ne tardez pas trop longtemps après écrivez ne tardez pas et ce que vous écrirez sera très bien et très bien reçu...* ».

Il se propose de la distraire de ses difficultés : "*...J'ai vu les deux tableaux de Van der Helst à l'hôtel de ville d'Amsterdam et je vous ai souhaitée là, mais nous irons les voir ensemble...*"[1].

Il se permet même de plaisanter sur une rumeur dont il est l'objet : "*...mon avis serait que vous vous divertissiez un peu de cette idée de mon prétendu mariage à La Haye, feignez de n'en rien savoir, ayez des doutes, faites Mme Gobe mouche et vous aurez le plaisir de voir jusqu'où les sots et les oisifs poussent leur ineptie...*"[2].

---

[1] Lettre de Falconet à sa belle-fille. La Haye 8 juin 1779. Nouvelles Archives de l'Art Français. 1895
T. XI p. 18 à 23.
[2] Ibid.

Ces passages sont extraits d'une lettre adressée à sa belle-fille le 8 juin 1779 et confiée à son ami M.Baron qu'il prie instamment de la lui remettre " *en mains propres* ".

Il n'y a pas la moindre équivoque dans ces propos où transparaissent seulement l'inquiétude et l'affectueuse sollicitude d'un père soucieux de réconforter celle qu'il considère comme sa fille; et on peut difficilement imaginer que si Mme Falconet avait eu quelque chose à se reprocher, elle ait pu sans la moindre hésitation rejoindre son beau-père à La Haye et braver ainsi ouvertement l'opinion publique.

Voyage à La Haye

Sans plus attendre, Mme Falconet se met en route pour La Haye où elle arrive dans les premiers jours de juillet.

Elle y est affectueusement accueillie par la famille Galitzine et va partager avec son beau-père la généreuse hospitalité de ses amis, soucieux de lui faire oublier les difficiles moments qu'elle vient de traverser.

La commande des bustes du stathouder Guillaume V de Nassau et de son épouse Frédérique-Sophie-Wilhelmine obtenue par l'intermédiaire du prince Galitzine est pour elle une heureuse opportunité.

Ces œuvres réalistes ne sont pas considérées parmi la meilleure production de l'artiste; il faut reconnaître à sa décharge que la tâche n'était pas aisée et on ne peut lui reprocher d'avoir rendu aussi scrupuleusement le physique ingrat du dernier stathouder et la physionomie maussade de son épouse qui ne l'ont visiblement pas inspirée.

Dans une lettre datée du 29 avril 1782, adressée à une amie, un Hollandais résidant à Paris, M. F.W. Boers, avocat à la compagnie des Indes Orientales et député à la cour de France ; rend compte en des termes peu amènes des portraits qu'il a vus lors de leur exposition : "*...ces bustes ! ces bustes, je vous supplie ne me trahissez pas ; ils sont au dessous du médiocre le bloc est si mal choisi, que la gorge est remplie de taches. L'Auguste époux est si bien peigné que l'on dirait qu'il revient de l'exercice, le visage est si bouffi qu'il semble que l'artiste ai voulu surpasser la nature.*

Au nom de Dieu, Madame, n'en parlez à personne mais vous verrez vous-même, qu'ils ne sont presque pas présentables, il n'y a dans mon récit pas la moindre exagération..."[1].

Commencés à La Haye, les bustes seront achevés à Paris, après le retour de la famille Falconet. On peut les voir au musée royal de La Haye.

Falconet, enfin conscient de l'attitude désastreuse et irresponsable de son fils envers sa famille, entreprend de modifier ses dernières volontés. Dans son testament daté du 8 octobre 1779 à La Haye, il confirme la donation faite en 1777 à son fils et à sa belle-fille, à l'occasion de leur mariage, de sa maison de la rue d'Anjou ; il déclare réduire son fils à sa part légitime dans les biens de la succession et désigne sa belle-fille Mme Falconet comme exécutrice testamentaire, lui attribuant l'usufruit et la jouissance de ses biens, sa vie durant, déshéritant ainsi son fils dans la mesure autorisée par la loi au profit de sa belle-fille[2].

C'est encore à La Haye que Mme Falconet va faire la connaissance d'un ami commun des époux Galitzine et de son beau-père. Le docteur Camper est bien connu des milieux artistiques, pour ses audacieuses théories sur l'expression des passions humaines qui seraient inscrites dans la morphologie des visages. La plupart des écrits de cet anatomiste de renom ont été traduits en français et lui ont valu d'élogieuses critiques de Condorcet et l'estime amicale de Buffon[3].

Cet austère praticien s'intéresse tout naturellement à cette jeune artiste qui sait si bien saisir les expressions

---

[1] Louis Reau *L'Expansion de l'Art Français*. T. I p. 55 - 56.
[2] Archives Nationales CXI 1273. Testament et codicille de Falconet. 8 octobre 1779 et 6 décembre 1784. Déposés dans l'étude de M. Péan de St Gilles le 26 janvier 1791. *Bulletin de la Société de l'Histoire de L'art Français* 1918-19 p. 161 à 163.
[3] Dr Camper, Docteur en Médecine et en Philosophie des Académies de Paris, Londres, Edimbourg, Harlem et Francker en Frise. Mercure de France. 1776.

d'un visage et dont il apprécie tout particulièrement le talent et la réserve ; il est sensible au profond attachement pour sa fille qu'il devine chez cette mère et accepte par amitié pour elle de vacciner la jeune Machinka contre la variole.

C'est en témoignage de sa gratitude que Mme Falconet, émue par l'acte du généreux praticien, offre d'exécuter son buste. Dans ce portrait, elle a su saisir avec beaucoup de réalisme la personnalité du célèbre médecin, la physionomie un peu lourde, le nez fortement busqué, le front dégagé et des yeux que l'on devine attentifs ; l'ensemble est empreint de gravité.

Le musée lorrain de Nancy conserve la lettre de remerciements du docteur Camper, datée du 11 juillet 1781 à La Haye. Débordant d'admiration et de reconnaissance, il y exalte le talent et les qualités de cœur de l'artiste : *"...je ferai votre éloge, comme qui a été la première de votre sexe, qui a ennobli l'art statuaire par ses mains...Votre main a éternisé les traits de mon visage et votre cœur en a fourni l'idée. Quel bonheur de posséder à la fois tant de sentiments et tant de talents...*

Il ne vous suffisait pas d'être heureuse, mais vous vouliez me donner une marque de votre contentement...Vous choisissiez à faire mon portrait, toute La Haye en fut extasiée et admirait la ressemblance et l'expression...que faut-il que je fasse, Madame, pour vous témoigner, Comment trouverai-je les moyens pour la marquer, Si vos sentiments n'étaient pas tels que je les connais, je songerais à vous faire un cadeau d'un prix plus ou moins approchant de la valeur de votre ouvrage. Mais ce serait choquer la délicatesse de votre manière de penser..."[1].

---

[1] L Reau *L'expansion de l'Art Français* T I p. 285.

Coulé dans le bronze après le retour à Paris, ce buste a servi de modèle au sculpteur hollandais Antoine Ziesenis pour son monument funéraire du docteur Camper à l'église St-Pierre de Leyde. Il a bien failli disparaître dans l'incendie de l'université de Groningue en 1907, où il a été retrouvé miraculeusement intact dans les décombres du bâtiment[1].

Les musées de Nancy et de Blois possèdent chacun un exemplaire en plâtre de ce buste.

---

[1] L. Reau *Etienne Falconet, M.-A.. Collot* T II p 446.

Installation à Paris, maladie et mort de Falconet

Deux années se sont écoulées depuis l'arrivée de Mme Falconet à La Haye. Elle n'a pas encore terminé les portraits du stathouder et de son épouse, mais son travail est déjà bien avancé ; le buste du docteur Camper est achevé et sera coulé dans le bronze après le retour en France ; le sculpteur a fini la correction de ses épreuves. Plus rien ne les retient là-bas, ils seront de retour à Paris vers la fin du mois d'octobre 1781.

Au terme de 14 ans d'absence, après avoir fait don de sa maison à son fils et à sa belle-fille, Falconet doit se mettre à la recherche d'une nouvelle résidence. Son goût prononcé pour la solitude joint à son désir de se tenir à l'écart des intrigues et des mondanités oriente son choix sur un petit village des environs de Paris, Châtillon-sous-Bagneux où il restera presque deux ans jusqu'au début de 1783.

A défaut d'une date précise, nous disposons d'une lettre adressée à sa belle-fille de cette résidence datée du 31 janvier 1783.

Dans cette lettre intéressante à plus d'un titre, le sculpteur rend un dernier hommage à celle qui fut sa collaboratrice en l'associant aux attentions de l'impératrice à l'occasion de l'inauguration du monument de Pierre le Grand :

"Mademoiselle et chère fille.

...Vous avez fait la tête colossale de Pierre 1er et selon mes moyens et l'opinion que j'avais de ce portrait, je vous priais d'accepter ma reconnaissance pour cette preuve de votre zèle et de votre talent, il me parut même que vous fûtes satisfaite de votre honoraire.

L'impératrice venant de m'envoyer une grande médaille en or et une pareille en argent, je me flatte que vous voudrez bien agréer et conserver celle ci Sa Majesté ayant ajouté 2 jetons relatifs à l'époque, il est clair que chaque objet était double. Je ne fais que me conformer à ses intentions en joignant un de ces jetons à votre médaille, je voudrais que le tout fut en or, je partagerais également et ce serais peu de choses pour l'ouvrage qui subsiste à St-Pétersbourg ; mais le temps, l'éloignement, l'attention de l'impératrice et d'autres circonstances y ajoutent beaucoup de prix. Vous ne me devez aucun remerciement et c'est au souvenir de cette souveraine que nous sommes tous deux redevables...

Je suis très sincèrement, Madame et très chère fille Votre très affectionné père et ami.[1]

Falconet

On peut supposer que la jeune femme a repris son ancien logement rue d'Anjou dont elle est propriétaire, aménagé de façon à préserver son indépendance et à faciliter ses activités professionnelles, mais nous ne disposons d'aucune indication permettant de confirmer cette hypothèse.

Les portraits du stathouter et de son épouse seront terminés en avril 1782 ; il semble bien que ces bustes ne

---

[1] A Valabregue. *Mme Falconet*. Paris Rouan. 1898 p. 32.

soient pas les dernières œuvres de Mme Falconet ; M. Louis Reau a relevé dans les archives du Louvre une demande de renseignements émanant du Vice-Consul d'Autriche à Mannheim, sur un buste signé Falconet Collot et daté de 1783. Il ne subsiste malheureusement aucune donnée sur ce portrait dont la photographie n'a pas été conservée[1].

De son côté, le sculpteur, mettant à profit son éloignement de la capitale, sollicite auprès de l'académie la faveur d'être dispensé de ses fonctions de professeur et se voit accorder le privilège de la vétérance ; il entend désormais se consacrer exclusivement à ses écrits.

Il regagne Paris au début de 1783 et, après avoir habité successivement rue des Fossoyeurs, aujourd'hui rue Servandoni dans le quartier du Luxembourg, quai des Théatins, actuellement quai Voltaire, il se fixe rue le Regrattier dans l'île St-Louis où il projette d'organiser le voyage en Italie dont il rêve depuis de longues années.

Il a demandé et obtenu son congé auprès de l'Académie ; tout a été minutieusement préparé pour ce long périple qui doit commencer par Lausanne où il doit rencontrer son éditeur après la Suisse, l'Italie où il se propose de visiter Florence, Rome et Venise.

Lorsque, deux jours avant le départ fixé le 3 mai 1783, il tombe victime d'une attaque qui le laissera à demi paralysé et le privera de l'usage de la parole, il n'a pas encore 67 ans, ses fonctions intellectuelles sont indemnes, mais son état de santé et sa claustration lui interdisent désormais toute activité.

Mme Falconet se dévouera sans compter au chevet de son beau-père, jusqu'à sa mort le 24 janvier 1791.

*

---

[1] L Reau *Catalogue de l'œuvre de M.-A. Collot.*

Mmes Vigée-Lebrun et Labille Guiard sont admises conjointement à l'Académie royale le 30 mai 1783.

Treize années se sont écoulées depuis l'élection de Marie-Suzanne Giroust, épouse du peintre Roslin, le 1er septembre 1770. A cette occasion la vénérable assemblée avait décidé de fixer à quatre le nombre des académiciennes.

Cette décision diversement appréciée sera ratifiée par le roi le 31 mai 1783, lors des élections de Mmes Vigée-Lebrun et Labille Guiard qui seront les dernières femmes élues.

Le graveur Miger écrira à ce propos "*...c'est un abus qu'une loi qui fixe à 3 ou 4 le nombre des académiciennes, ou il ne fallait pas en recevoir, ou dés qu'on en a reçu, toutes celles qui ont un véritable talent ont des droits légitimes...*".

Le 25 septembre 1790, Mme Guiard, militant pour l'abrogation de ce quota, prononce devant ses pairs un discours sur le bien-fondé de cette discrimination, s'insurgeant contre l'ostracisme qui écarte les femmes de l'enseignement et des charges de conseiller ; elle présente ces deux motions qui sont approuvées par la majorité du scrutin, mais ne seront jamais appliquées pour cause de Révolution.

L'Académie royale de peinture et de sculpture dissoute sera remplacée plus tard par un Institut national des sciences et des arts d'où les femmes seront exclues...

Mme Falconet a pour l'heure d'autres préoccupations ; afin de se rapprocher de son beau-père pour lui prodiguer les soins que nécessite son état, elle s'est installée avec sa fille rue Le Regrattier.

Falconet n'est pas un malade facile ; il accepte mal sa dépendance et la jeune femme fait souvent les frais de ses sautes d'humeur. Son mérite est d'autant plus grand qu'il requiert de sa part une présence quasi permanente. P. C. Levesque note qu'elle sortait parfois de son isolement pour recevoir quelques amis. Le charmant portrait de sa fille, la jeune Marie-Lucie, en Flore, exécuté par Mme Vigée-Lebrun probablement vers 1788, montre qu'elle ne s'était pas totalement coupée du monde extérieur.

Ami du sculpteur, membre de l'Académie et de l'Institut, chargé de la correction et de l'édition de ses œuvres, P. C. Levesque a parlé dans sa préface de la conduite exemplaire de Mme Falconet : "...*elle fut dit-il la garde malade assidue de son beau-père pendant la durée de sa maladie d'autant plus digne d'admiration dans sa longue patience, que l'humeur, naturellement difficile dans l'état de santé, l'était devenue davantage dans celui de la maladie et qu'il paraissait même souvent se faire un peu de malice d'exiger des soins inutiles.*

On pouvait être sûr qu'il avait un besoin pressant de sa bru dés qu'il soupçonnait quelque visite d'ami ou qu'elle se livrait à quelques distractions..."[1].

Dans son éloge funèbre, le peintre Robin, membre de l'Académie royale, ami et biographe de Falconet, a tenu à rendre publiquement justice à celle qui fut son élève puis sa collaboratrice avant de devenir sa belle-fille.

Evoquant son grand talent et ses qualités de cœur, il les associe tous les deux dans un ultime et émouvant hommage : "...*en parlant de la statue colossale du Czar je ne dois pas omettre une circonstance qui n'est pas sans intérêt ; c'est que Melle Collot aujourd'hui bru et élève de notre artiste l'ayant suivi en Russie, eut sa part de gloire de ce grand ouvrage pour le modèle de la tête du héros dont son maître lui confia l'exécution. Ce n'est pas comme le dit M. Diderot dans sa lettre à Falconet que le sculpteur n'eut pu très bien réussir à faire une tête ressemblante.*

---

[1] PC Levesque. Œuvres complètes de Falconet. Vie d'Etienne Falconet.

Cette supposition légère est démentie par le portrait du médecin Falconet, buste en marbre fort estimé.

Le vrai motif de notre sculpteur fut de faire connaître les rares talents de son élève et de s'inspirer à la cour de Russie, toute la confiance qui lui était due, par celle dont il donnait lui-même la preuve dans une circonstance aussi délicate.

Ce moyen eut tout le succès qu'il en attendait. La tête du héros fut trouvée parfaitement belle et les ouvrages que Mme Falconet fit dans la suite ajoutèrent à l'estime que ce morceau lui avait si justement mérité...

...ici je me joins à tous ceux qui ont fréquenté la maison de ce respectable malade pour rendre un tribut public d'admiration à Mme Falconet sa bru. Pendant le cours de cette longue et fatigante maladie et jusqu'au jour de sa fin arrivée le 24 janvier, c'est à dire pendant 8 années, elle n'a cessé de rendre à son père devenu son beau-père, tous les services qu'il ne devait attendre que de ses domestiques et de ses gardes malades, services précieux que la sensibilité et l'adresse des femmes, seules, peuvent procurer à l'humanité souffrante. Cette Dame qui pouvait jouir en paix du fruit de ses travaux a tout sacrifié à ses soins respectables..."[1].

Il s'agit bien de sacrifice en effet puisque c'est à partir de ce moment que Mme Falconet, qui vient juste d'avoir trente-cinq ans, abandonne l'ébauchoir et le ciseau pour se consacrer à son beau-père. Elle ne les reprendra jamais, mettant ainsi volontairement fin à sa carrière de sculpteur.

Absorbée par ses soucis de garde-malade, elle n'a pas prêté beaucoup d'attention aux premiers échos de la

---

[1] Extrait du tribut de la Société Nationale des Neuf Sœurs. 14 mai 1791 Paris Onfroy. Réimprimé par le sculpteur Jehan du Seigneur, dans la *Revue Universelle des Arts*. Paris 1862 p. 242.

Révolution qui lui parviennent assourdis et n'a pas encore mesuré l'ampleur des événements qui se préparent.

On a raconté que c'est au domicile de son beau-père, proche de la place de Grève, que lui parviennent un jour des clameurs plus horribles qu'à l'habitude et qu'elle aperçoit de ses fenêtres une tête ensanglantée, celle de la princesse de Lamballe, exhibée au bout d'une pique, par une horde de sans-culottes.

La pauvre femme est terrorisée ; elle est seule maintenant avec sa fille; elle vient de perdre à quelques mois d'intervalle son beau-père et son mari, respectivement décédés le 24 janvier et le 25 juin 1791.

La plupart de ses amis ont déjà quitté la France ; elle a peur, après ce long séjour à la cour de Russie où elle a bénéficié des largesses de l'impératrice, d'être assimilée à ces aristocrates que l'on pourchasse et que l'on tue et n'a plus qu'une seule pensée, fuir Paris au plus vite.

Départ pour Marimont

Nous ignorons à la suite de quelles circonstances Mme Falconet est devenue propriétaire du château de Marimont situé sur la commune de Bourdonnay en Lorraine.

C'est avec ses gains de Russie qu'elle achète en 1791 ce domaine à un émigré célèbre, Armand Emmanuel du Plessis, comte de Chinon, duc de Fronsac, duc de Richelieu, arrière-petit-fils du cardinal. Ce gentilhomme, qu'elle a probablement connu par l'intermédiaire de ses amis Galitzine, a pris du service à la Révolution auprès de l'impératrice Catherine II ; il deviendra plus tard un des fondateurs puis le gouverneur de la ville d'Odessa.

Au terme d'une vie aussi riche qu'aventureuse, Mme Falconet a trouvé la paix dans cette campagne lorraine ; elle se sent en sécurité dans cette magnifique propriété où elle va pouvoir se consacrer à l'éducation de sa fille.

A 43 ans, il n'est plus question pour elle de reprendre l'ébauchoir qu'elle a abandonné depuis tant d'années. Privée du soutien de son maître, affaiblie par de trop lourdes épreuves, elle n'a peut-être plus le cœur à affronter cette société provinciale et bien pensante qui est devenue la sienne et qu'elle pourrait heurter en se livrant à un art qui est l'apanage du sexe fort.

Cette nouvelle vie à laquelle elle s'adapte avec beaucoup d'aisance convient parfaitement à son tempérament. Sa réserve naturelle et ses manières séduisent son entourage. La nouvelle châtelaine et sa fille sont très vite adoptées par leurs proches voisins, des amitiés se nouent et l'intérêt d'un jeune voisin d'excellente famille pour sa fille n'est pas pour lui déplaire.

Les Jankowitz sont d'origine hongroise, venus en Lorraine à la suite du roi Stanislas Leszcznski. Antoine Stanislas de Jankowitz est né à Lunéville en 1763 ; ce jeune homme sérieux à l'allure distinguée a été tenu sur les fons baptismaux par le roi Stanislas lui-même et Mme Falconet, en dépit de l'extrême jeunesse de sa fille, sent tomber ses dernières préventions.

Cette famille attachée aux valeurs qui sont restés les siennes lui inspire confiance ; elle se méfie des hommes acquis aux idées nouvelles ; prévenue par son désastreux mariage, elle veut éviter à sa fille les méfaits d'une union mal assortie ; en définitive, elle pense que ce jeune homme pourrait faire un mari fort convenable pour la jeune Marie-Lucie.

Le mariage sera célébré à Marimont l'année suivante, en 1792, dans cette propriété où le jeune couple passera la plus grande partie de la Révolution. C'est là que naîtra en 1806 leur fils Anselme Stanislas.

Après avoir servi dans le régiment de Truchis, Antoine Stanislas de Jankowitz attendra la Restauration pour se lancer dans la politique. Elu conseiller général de la Meurthe en 1814, il est mandaté pour aller négocier à Paris, auprès des autorités, une contribution de guerre jugée trop lourde pour le département.

Faisant suite à cette mission couronnée de succès, il est nommé en 1815 préfet par intérim. Il accède la même année à la députation et représentera pendant plusieurs décennies, presque sans interruption, le département à la Chambre des députés.

En reconnaissance des services rendus, Louis XVIII accorde en 1814 à Stanislas de Jankowitz le titre de baron et constitue en majorat le domaine de Marimont.

Cette brillante carrière politique sera brisée brutalement en 1830 par la mort tragique de son fils unique, jeune lieutenant de louveterie, des suites d'un accident de chasse.

Mme Falconet ne connaîtra pas cette ultime épreuve. Elle s'est retirée depuis quelques années dans son hôtel particulier rue de la Source à Nancy. C'est là qu'elle s'éteindra le 24 février 1821 à 9 h du matin, entourée de quelques amis.

Elle repose maintenant dans sa terre de Marimont.

Conclusion

Née dans un siècle de transition et de bouleversements politiques, M.-A. Collot a pu percevoir les premiers signes du déclin de la royauté en France. Après avoir un temps côtoyé les fastes de la cour de Russie, elle sera confrontée sans transition aux dures réalités de la Révolution ; elle traversera sans encombre l'ère consulaire et impériale avant de retrouver, vers la fin de sa longue existence, le régime de sa jeunesse avec l'avènement de Louis XVIII.

La destinée de cette artiste est restée longtemps méconnue des historiens d'art. Parfois considérée par quelques auteurs mal informés comme la maîtresse de Pierre le Grand ou la propre fille de Falconet, elle est maintenant reconnue comme l'élève de ce dernier, une référence qui garde encore trop souvent un caractère connotatif et tendancieux.

Il serait temps de tirer un trait sur la présentation scandaleuse des relations de
M.-A. Collot avec Falconet, qui ont bien injustement alimenté les chroniques en occultant son œuvre.

Les rares écrits bien souvent incomplets ou erronés qui lui ont été consacrés s'accordent tous pour décrire l'obscurité de ses origines et la pauvreté de sa famille. On peut penser que ses activités avant son placement dans l'atelier du sculpteur se bornaient aux tâches ordinaires de la maison et il est vraisemblable qu'elle ne savait encore ni lire, ni écrire.

Cette brusque transplantation parmi ces artistes et ces intellectuels peu sensibles aux préjugés de caste et de sexe, qui seront tout à la fois ses professeurs et ses éducateurs, va mettre en évidence la faculté d'adaptation et les qualités d'observation exceptionnelles de la jeune adolescente.

M.-A. Collot restera marquée par les carences de son éducation et ressentira plus douloureusement encore l'absence de références familiales ; elle gardera de ces tristes antécédents un besoin de thésauriser qui lui permettra plus tard de préserver son indépendance.

Malgré l'évolution des esprits et des idées, l'émancipation de la femme reste encore une abstraction et son départ pour la Russie où elle accompagne Falconet est perçu comme un geste particulièrement audacieux.

Le sculpteur sera l'artisan actif de sa brillante carrière ; forte de sa protection, sans jamais remettre en cause l'influence indéniable exercée par sa forte personnalité et les liens affectifs qui les unissent, M.-A. Collot saura préserver son individualité et l'originalité de son talent.

Son style à la fois souple et viril, son art réaliste et sans complaisance, visant avant tout à l'expression est plus proche de Houdon que de Falconet.

A une époque où les artistes ont bien du mal à vivre de leur art, elle réussira par son travail et sa ténacité à conquérir son indépendance.

Figure étonnamment moderne pour son époque, elle restera toujours attachée aux traditions et aux valeurs morales, malgré la liberté de sa démarche.

Il est dommageable pour la postérité qu'une partie importante de ses œuvres ait disparu au cours des convulsions qui ont secoué l'Europe ; mais les bustes conservés au musée de l'Ermitage, que j'ai eu le privilège d'admirer, l'impressionnante statue de Pierre le Grand qui domine la place des Décembristes, autrefois place du Sénat à Saint-Pétersbourg et les différents portraits détenus par les musées du Louvre et de Nancy, sont encore là pour témoigner de son grand talent.

Trop absorbée par son travail, M.-A. Collot ne semble pas avoir affiché de grandes préoccupations sentimentales ; le sérieux de son caractère ne la portait pas à la frivolité. Sa méfiance à l'égard de la sacro-sainte institution du mariage ne la mettra pourtant pas à l'abri des déconvenues. Malgré toutes ses précautions, son unique expérience conjugale se soldera par un échec et la confortera dans son désir d'indépendance et de solitude.

Elle perdra trop tôt le seul homme qu'elle a toujours respecté et admiré, et à qui, en dépit de l'adversité, elle est toujours restée profondément attachée, celui qui a été tout à la fois son maître, son tuteur, son ami, son beau-père et son unique et plus fidèle soutien, Falconet.

A quarante-trois ans, elle se retrouve seule avec sa fille dans la tourmente révolutionnaire. Malgré sa douleur et son désarroi, il lui reste encore assez de volonté et de courage pour organiser leur départ pour un domaine qu'elle vient d'acheter en Lorraine, avec ses gains de Russie. Ce refuge, situé dans une région qu'elle ne connaît pas encore, représente pour elles leur sécurité et leur avenir.

Sa seule priorité désormais sera l'éducation de sa fille, à qui elle entend bien donner la stabilité qu'elle n'a guère connu dans sa vie.

Je n'ai malheureusement trouvé aucun document relatant les difficultés inhérentes à leur installation ; il semble que la seule préoccupation de Mme Falconet qui a définitivement abandonné la sculpture ait été de s'intégrer à son nouvel environnement et d'assurer l'avenir de sa fille.

Quel chemin parcouru depuis le triste logis de son père et l'atelier de la rue d'Anjou !

La voici châtelaine, aimée et estimée de tous ; grâce à elle, Marie-Lucie devenue baronne fait partie de la meilleure société.

A travers toutes ces années vécues à Marimont, j'ai vainement cherché, dans les déclarations de Mme de Jankowitz, la trace de souvenirs plus intimes sur la vie et l'œuvre de sa mère ...

Il semble qu'elle ait été plus soucieuse d'effacer les traces d'une vie hors conventions et trop mouvementée à son gré. Gageons que cette respectable dame a dû plus d'une fois trembler à l'idée que l'on perce ses secrets de famille ... A-t-elle eu seulement conscience des sacrifices consentis par sa mère afin de lui assurer une vie plus conforme à ses aspirations ?

Ni les succès, ni l'adversité n'ont changé cette femme volontaire et généreuse qui a toute sa vie pratiqué l'oubli d'elle-même.

Afin de laisser le champ libre à sa fille, devenue mère, et à son gendre qui vient d'entamer une carrière politique, elle abandonne Marimont pour se retirer à Nancy, rue de la Source, dans un hôtel particulier, où elle achèvera paisiblement sa vie entourée de quelques amis fidèles comme son ancien voisin Charles-Antoine de Cabouilley, propriétaire à Maizières, et François-Antoine de Bernay de Favancourt, ancien officier, qui seront les témoins de son décès.

Bibliographie

Archives du musée Lorrain de Nancy
Archives municipales de Nancy
Archives Nationales M. PEAN de St-GILLES Etude CXI 1280 - 1300
Art et les Artistes l'. Février 1923 p 165 à 171
Arts. Février 1946 p 1 – 2
BACHAUMONT Mémoires secrets 27 octobre 1780 T XVI p 37
BERELOWITCH W., MEDVEDKOVA O. *Histoire de St-Pétersbourg*, Fayard
Bibliothèque Nationale. Fonds Falconet - Jankowitz bnmssna Fr 24983
Bulletin de la Société de l'Histoire de l'Art Français 1875 - 78 p. 158 à 161 - 1911 p. 87à 92 - 1918 p. 152 à 168 - 1923 p. 418 à 421 - 1924 p. 219 à 229 - 1964 p. 101 à 111
BURLINGTON Magazine, août 1965 p. 408 à 415
CORBERON de. Journal Intime du Chevalier de Corberon publié sous le titre *Undiplomate à la Cour de Catherine II* 1775 1780 Paris Lalande 1901
2 V T I p. 141, p. 156, T II p. 90
DIDEROT *Correspondance* G. ROTH et J. VARLOOT Editions de Minuit
DIDEROT *Correspondance* Collection Bouquins Robert Laffont
DIDEROT *Œuvres complètes* Ed. Assezat- Tourneux Garnier1875 20 V
DUSSIEUX L. *Les artistes français à l'étranger*, Lecoffe 1876 p. 400 - 552
DUVAL Valentin Jameray *Œuvres précédées des mémoires sur sa vie* Treuttel libraire1874 2V TI p. 264

FALCONET *Œuvres contenant plusieurs écrits relatifs aux Beaux Arts* Société Typographique Lausanne 1781 6V T I p. 177 - 394 à 396 - T II p 75 & 76 - T III p 62 - T IV p. 283 / 408 - T VI p. 217 / 225

FALCONET *Œuvres complètes* Editions Slatkine

FALCONET *Correspondances* œuvres Editions Garnier

FALCONET *Correspondance avec Catherine II* Paris Librairie Edouard Champion 1921

FORTIA de PILES de BOISGELIN *Voyage de deux Français au nord de l'Europe* Paris 1796 5V T III p 193

Gazette des Beaux Arts 1869 p117 / 144 - 1884 p. 205 - 1901 p. 42 - 1903 p. 381 - 1905 p. 151 - 1920 p. 49 - 1928 p. 247

GRIMM *Correspondance littéraire, philosophique et critique de 1753 à 1790* Ed Tourneux 16 V Paris Sept, 1766, p. 275 à 277

GRIMM *Correspondance inédite de Grimm et Diderot* C.H Fournier 1829

LAMI Stanislas *Dictionnaire des sculpteurs de l'école française du XVIIIème siècle* 2 V Paris 1910 - 11 T I p. 337

LEVESQUE P.C. *Histoire de Russie* Debure L'aîné Paris 1812

LEVESQUE P.C. *Vie d'Etienne Falconet* en tête de l'édition des œuvres de Falconet 3 V 1808

Mercure de France octobre 1775

Nouvelles archives de l'Art Français 1878 T VI p. 129 à 132 - 1894 T X p. 63 à 66 - 1895 T XI p. 18 à 23 - 1931 T XVIII p. 392

REAU L. *Maurice Etienne Falconet M. A. Collot* Paris DEMOTTE

REAU L. *Correspondance de Falconet avec Catherine II* Paris Librairie Edouard Champion 1921

REAU L. *Histoire de l'expansion de l'Art Français* Henri Laurens Paris 1928, p. 285

REAU L. *L'Art Slave*
REAU L. *Le monde slave et l'Orient*
REAU L. *St-Pétersbourg*
REAU L. *Catalogue de l' Art Français dans les musées russes*
REAU L. LOUBROMSKI G. Catherine la Grande impératrice et mécène *Renaissance de l'Art Français* 1920 p. 240 à 249 - 1931 p. 306 à 312
Revue de l'Art Français 1894 p. 65 - 1895 p. 18 / 23
Revue des Deux Mondes janvier, février 1877 p. 588 à 604
Revue du Louvre 1973 p. 255 à 260
Revue moderne 1866 1er décembre p. 382 - 1867 1er décembre p. 59 à 303
ROBIN *Eloge de M. Falconet sculpteur par M. Robin peintre*. Extrait du tribut de la Société Nationale des neuf sœurs Paris 1795. Réimprimé par le sculpteur JEHAN du SEIGNEUR dans la *Revue Universelle des Arts* Paris 1862 p 245
SCHTELINE J. Notes sur les Beaux Arts en Russie, Moscou *Revue Arts* 1990 T. I p. 181 à 184
TOOKE W. *pieces written by Mons Falconet and Mons Diderot on sculpture in general and particulary on the celebrated statue of Peter the Great, now finishing by the former at St Petersbourg. Translated from the french, with several additions by William Tooke chapelain to the factory of St-Pétersbourg*. London printed by B. Owyer and John Nichols 1778
TOOKE W. *The life of Catherine II Empress of Russia* London TN Longman and O. Rees
TOOKE W. *Histoire de l'Empire Russe sous Catherine II et à la fin du XVIIIème siècle* Imprimerie Crapelet Paris Maradan Libraire 1801
VALABREGUE Antony *Une artiste française à la cour de Russie Mme Falconet 1766 -1778* Paris Rouan 1898

VANDEUL Mme de. *Diderot mon père* Ed. Circe vie contemporaine août 1894 p. 326 à 344

WATTELET - LEVESQUE *Dictionnaire des Arts de sculpture, de peinture et de gravure.* Paris 1792

ŒUVRE DE MARIE-ANNE COLLOT

LISTE CHRONOLOGIQUE

Au point de vue chronologique, les œuvres de Marie-Anne Collot répertoriées par M. Louis Reau se répartissent en trois groupes d'importance fort inégale.

1- Les œuvres antérieures au voyage en Russie (1765-1756)
2- Les œuvres exécutées en Russie (1766-1778)
3- Les œuvres postérieures au retour de Russie (1778-1783)

Œuvres antérieures au voyage en Russie

1- *Buste d'homme inconnu*
Terre cuite. Signé Marie Collot, 1765. Louvre

2- *Buste d'homme inconnu*
Signé Marie Collot, 1765. Collection Léon Reinach

3- *Buste de l'acteur Préville dans le rôle de Sganarelle du Médecin malgré lui*
Terre cuite, 1766

4- *Premier buste de Diderot.*
Terre cuite, 1766

5- Buste du prince Galitzine ministre de Russie à Paris.
Terre cuite, 1766.

Œuvres exécutées en Russie

6- *Buste d'Anastasia Sokolova, fille naturelle du général Betzki*
Marbre, 1767

7- *Buste de Catherine II*
Marbre, 1767. Existe en plusieurs exemplaires.

8- *Buste du comte Grégoire Orlov*, 1767

9- *Buste de Falconet*, 1768

10- *Buste de Voltaire*

11- *Médaillon de Catherine II*, 1768
Commandé en commémoration de la victoire remportée sur les Turcs à Khstine.
On en connaît plusieurs exemplaires en marbre et en bronze à l'Ermitage, dans la collection Miatlev, à Arkhangelskur.

12- *Médaillons de Pierre le Grand et d'Elisabeth*

13- *Buste d'Henri IV et de Sully*, 1769.
Exécutés en marbre d'après les portraits de Pourbus

14- *Buste de Miss Cathcart, fille de l'ambassadeur d'Angleterre à Saint-Pétersbourg.*
Marbre, 1769

15- *Modèle de la tête de la statue de Pierre le Grand*
Plâtre, 1770

16- *Médaillon du comte Grégoire Orlov*

Marbre. Exécuté en commémoration de la peste de Moscou, 1772

17- *Buste de femme*
Plâtre. Collection du prince Vladimir Nikolaïevitch Orlov. Signé et daté, 1772.

18- *Buste de Diderot.*
Marbre, 1773

19- *Tête de jeune homme*

20- *Médaillons du grand-duc Paul et de la grande-duchesse Natalia Alexeïvna*
Marbre. Signé M.-A. Collot, 1774

21- *Bustes du grand-duc Paul Petrovitch et de la grande-duchesse Natalia Alexeïvna*
Marbre. Signé M.-A. Collot, 1775

22- *Petit modèle de la statue de Pierre le Grand*, 1776

23- *Buste de Falconet fils.*
Plâtre

24- *Buste de femme (autoportrait)*
Marbre. Musée de Nancy. Serait, d'après le comte de Warren, le portrait de Catherine II jeune.

Œuvres postérieures au retour de Russie
25- Buste de Godefroy de Villetaneuse, 1779.

26- *Buste du chevalier d'Eon*, 1780

27- *Buste du Dr Camper, qui avait vacciné sa fille à La Haye*, 1781
Bronze. Signé Maria Anna Falconet nata Collot fecit anno MDCCLXXXI

28- *Bustes du stathouder Guillaume V et de Frédérique-Sophie-Wilhelmine, sa femme.*
Marbre. Signé M.-A. Falconet née Collot,1782 (1).

645364 - Mars 2016
Achevé d'imprimer par